AF274964

GUÍA TOTAL de las playas de Asturias

300 rincones para disfrutar de la costa asturiana

ALEJANDRO DEL RÍO
BORJA SUÁREZ FERNÁNDEZ

EDICIONES NOBEL

© 2025 Ediciones Nobel, S. A.

Autor: Alejandro del Río y Borja Suárez Fernández
Diseño y maquetación: Sonia del Río
Fotografías: Alejandro del Río y Borja Suárez Fernández

ISBN: 978-84-8459-802-2
Depósito legal: AS 00835-2025
Impresión: Liberdigital (Casarrubuelos, Madrid)

Impreso en España

Cualquier forma de reproducción, distribución, comunicación pública o transformación de esta obra solo puede ser realizada con la autorización de sus titulares, salvo excepción prevista por la ley. Diríjase a CEDRO (Centro Español de Derechos Reprográficos, www.cedro.org <http://www.cedro. org>) si necesita fotocopiar o escanear algún fragmento de esta obra.

A mi mujer Sonia
y mi hija Ainhoa, con todo mi cariño.

Alejandro del Río, Asturias, abril 2013

A mi hijo David,
asistente sin igual en la toma
de nuevas fotografías; y al propio Alejandro,
autor original de esta guía, cuya labor
y entusiasmo la han hecho posible.

Borja Suárez Fernández, Asturias, enero 2025

Índice

Introducción

Montañas y profundos valles se combinan con 345 kilómetros de costa, en los que abundan las zonas protegidas (equivalentes a un tercio de su extensión total), a lo largo de sus veinte concejos costeros. Así, el Paisaje Protegido de la Costa Occidental comprende una franja de 35 kilómetros inscritos en los concejos de Valdés y Cudillero, en los que encontraremos habitualmente zonas poco accesibles y acantilados con ensenadas y playas de cantos a sus pies. Por el contrario, el Paisaje Protegido de la Costa Oriental se extiende a lo largo de 30 kilómetros, desde Llanes hasta la frontera oriental de la comunidad, presentando más de treinta playas y multitud de posibilidades. La accidentada cornisa cantábrica presenta una maravillosa sucesión de playas y acantilados que nos ofrecen variadas localizaciones, calas escondidas, playas agrestes, salvajes y sorprendentes a lo largo de más de trescientas localizaciones que se apuntan en el presente trabajo. La superficie utilizable, como corresponde a una costa acantilada, es escasa y además las playas de mayor capacidad albergan valiosos sistemas dunares que reducen la superficie disponible para el uso. Así, únicamente diez playas reúnen dos tercios de la superficie utilizable en pleamar: Penarronda, Navia, Barayo, Otur, Cuevas, Bayas, El Espartal, Xagó, Verdicio y Rodiles. Otras 150 quedan completamente sumergidas bajo las mismas circunstancias. Y es que las playas son sinónimo de turismo, ya que sus dorados arenales actúan como un imán combinados con los acantilados que desafían las leyes de la gravedad y un entorno de verdes praderías perennes. La retina no puede abstraerse ante joyas como la playa de El Silencio, los acantilados del Infierno o el soplo de los fantásticos bufones de Llanes.

En el trabajo que tienes en tus manos podrás visualizar a simple vista playas, calas y pedreros, las áreas recreativas más cercanas, las fiestas de interés internacional, nacional y regional, aquellas en las que se practica el nudismo, las cercanas a un camping, las recomendadas para la práctica de la pesca recreativa y submarina, las zonas habituales de inmersiones de buceo y las que plantean la posibilidad de llevar a su mascota. También las seleccionadas como Playas MIX o mejores de cada concejo según los propios usuarios, las que gozan de servicios para discapacitados, las zonas habituales de observación de aves, las coordenadas y situación de todos los faros de Asturias, la ubicación de todas las rampas al mar, la actividad deportiva óptima para cada playa y la posibilidad de acudir a sus mercados y mercadillos. Recogemos también los denominados «Monstruos marinos», frecuentes hallazgos y varamientos documentados de las especies más espectaculares de los últimos cien años. Podrás acercarte al conocimiento de su etnografía básica y su cultura, a través de las cuevas prehistóricas, los castros, los legados de la arquitectura (prerrománica, románica, etc.), sus yacimientos, los museos, las aulas y los centros de interpretación, y a la historia a través de la arquitectura, yacimientos y cuevas, entre otros.

Las opciones son amplias y diversas en el entorno. Recuerda que el punto más visitado de la costa asturiana es el cabo Peñas, y en segundo lugar, Ribadesella a solo media hora de la hermosa Covadonga. En tus manos queda escoger entre la tranquilidad de las playas vírgenes, el bullicio de las ciudades o la hermosura de las villas marineras, sin olvidarse de la amplia e interesante oferta cultural y de ocio que en esta guía se adivina.

Costa Occidental
(Castropol - Cudillero)

Playas de Castropol

La mayor parte de su costa está declarada como Paisaje Protegido del Occidente

1. Playa de Figueras o San Román
2. Playa de Arnao
3. Playa de Penarronda

- La capital es Castropol, declarada como Bien de Interés Cultural desde el 2004, y la localidad más importante además de esta es Figueras. El concejo de Castropol está formado por nueve parroquias que son: Balmonte, Barres, Castropol, Figueras, Piñera, Presno, San Juan de Moldes, Seares y Tol.
- Su superficie limita al oeste con el concejo gallego de Ribadeo y está separada de esta por la ría del Eo, aunque unida a ella por el puente de los Santos. En su extremo oriental limita con el concejo de Tapia de Casariego y Boal; al sur, con El Franco, Vegadeo, Villanueva de Oscos e Illano.

Qué puedes visitar en el concejo:

- Arnao: área recreativa de Arnao.
- Barres: iglesia de San Esteban (1639), torres de Donlebún (s. XVIII).
- Castropol: casa consistorial edificada sobre las ruinas del castillo de Fiel (s. XIX), casa del párroco en la plaza del Cruzadero (s. XV y XVI), capilla de Nuestra Señora del Campo (siglo XV, muy reformada), teatro casino junto al parque Vicente Loriente (s. XIX), iglesia de Nuestra Señora del Campo (s. XV), palacio de Pasarón en el barrio de San Roque (s. XVIII), palacio de Valledor en la calle de Acevedo (s. XVI), villa Rosita o casa palacio de los Bermúdez (s. XVIII), monumento a Fernández Villamil. Áreas recreativas del Puente de los Santos y Campo de Arnao.
- Ermita del Buen Viaje o de La Atalaya sobre la desembocadura del río Eo (s. XIX).
- Faros: punta de la Cruz y Romela.
- Figueras: casona de Los Pando (torre s. XVI), palacio de Pardo de Donlebún (s. XVI), castillo de Montenegro, s. XVIII, palacio Peñalba (1912), fuerte del Arroxo (s. XVI), área recreativa del Puente de los Santos y puerto pesquero.
- Monumento Natural de la Playa de Penarronda, la más visitada del concejo.
- Ría del Eo; espectaculares vistas y peculiar fauna y vegetación de marismas. La ría, junto a sus afluentes, fue declarada Reserva de la Biosfera Río Eo, Oscos y Terras de Burón por la UNESCO (2007) y Zona de Especial Conservación (ZEC) de la Red Natura 2000.
- San Juan de Moldes: Centro de Interpretación de la Ría del Eo.
- Senda costera E-9, de Vegadeo a Tapia de Casariego.
- Día 25 de mayo: alfombras florales del Corpus Christi (Castropol), Fiesta de Interés Turístico Regional.

Playa de Figueras o San Román

Datos generales Latitud: 43.538998
Longitud: -7.025886

Situada en la localidad de Figueras, presenta forma lineal con una longitud de 290 m y una anchura media de 20 m. Se encuentra en un entorno urbano y su peligrosidad es baja. El acceso a sus finas y blancas arenas es fácil, peatonal e inferior a 0,5 km. El grado de ocupación es medio y el de urbanización, alto.

Cómo llegar sin GPS También llamada playa de San Román, se ubica dentro de la ría del Eo. Destacan sus aguas tranquilas a resguardo de un inclinado terreno que toma altura en pocos metros. La afluencia de veraneantes la colapsan con facilidad. En bajamar, se puede acceder desde el muelle de Figueras por la ribera. En pleamar, deberemos subir la cuesta y pasar por detrás de los astilleros caminando unos 300 m. Allí bajaremos una cuesta que nos conducirá a una calle que muere sobre varios chalés y que, tras convertirse en escalones, nos llevará hasta la orilla. Fácilmente accesible también desde el área recreativa del Puente de los Santos (salida 504 de la A-8), que cuenta con amplio aparcamiento, descendiendo hacia Figueras por detrás de la capilla de San Román y tomando el primer cruce descendente a la derecha. Toda la parte costera, hasta el límite formado por la AS-31 que une Figueras con la CN-640 en Barres, está incluida en la Reserva Natural Parcial de la Ría del Eo, zona protegida.

Otros Desembocadura fluvial.

Servicios Duchas.

Actividad óptima Deportes acuáticos (vela, remo, piragüismo, etc.).

Recomendaciones Recomendaciones. Buen sitio para relajarse.

Playa de Arnao

Datos generales Latitud: 43.548735
Longitud: -7.021379

Playa de asistencia masiva el fin de semana y con servicio de socorrismo, situada en la localidad de Figueras. Presenta forma lineal con una longitud de 400 m y una anchura media de 30 m. Se encuentra situada en un entorno rural y su peligrosidad es baja. Sus accesos son fáciles y rodados, inferiores a 0,5 km. Sus finas arenas tostadas y claras han conseguido que su grado de ocupación sea alto; el de urbanización es bajo.

Cómo llegar sin GPS Núcleos cercanos son Granda y Villadún. El acceso se efectúa desde la A-8, salida 504, justo antes del puente de los Santos. El área limitada entre la CN-634 al sur y el término del concejo de Castropol al este corresponde a Arnao-Penarronda. Al oeste está delimitada por la desembocadura de la ría del Eo, que forma la ensenada de Arnao. Al noroeste, las puntas de la Cruz y la Espiela, que dejan entre ellas la ensenada del Langosteiro. Al sur, resulta útil considerarla delimitada por la autopista A-8. Por su parte norte, su borde costero es predominantemente lineal incluyendo calas y puntas de pequeño relieve.

Otros *Camping* próximo y áreas recreativas del Puente de los Santos y Campo de Arnao.

Servicios Equipo de vigilancia, duchas, área de pícnic, servicio de limpieza, papeleras y aparcamiento.

Actividad óptima Pesca submarina, pesca recreativa y relax en su zona recreativa.

Recomendaciones Disfrutar del área recreativa y los nuevos acondicionamientos.

Playa de Penarronda

Datos generales Latitud: 43.55155
Longitud: -6.99636

Playa de asistencia masiva el fin de semana y con servicio de socorrismo, situada en la localidad de Barres. Presenta forma de concha, con una longitud de 800 m y una anchura media de 315 m. Se encuentra situada en un entorno rural y su peligrosidad es media. Sus accesos a las arenas finas y doradas son fáciles y rodados, inferiores a 0,5 km. Su grado de ocupación es medio; el de urbanización es bajo.

Cómo llegar sin GPS Es la playa más extensa de este concejo y la más visitada. El acceso está perfectamente indicado desde la N-634, accediendo por la A-8, salida 501. Situada en las cercanías de la localidad de Santa Gadea y Villadún, es compartida por los concejos de Castropol y Tapia de Casariego, separados por la desembocadura del río Dola. La playa goza de un Plan Especial de Protección, por ser área de nidificación del ostrero euroasiático y única localidad de las costas asturianas donde sobrevive el alhelí de mar (*Malcomia littorea*). En su mitad occidental reina un extenso campo dunar y una variada flora. El afloramiento rocoso en el centro del arenal se conoce como Pedra Castelo.

Otros *Camping* próximo (en Barres y Penarronda) y área recreativa. Desembocadura fluvial.

Servicios Equipo de vigilancia, duchas, área de pícnic, servicio de limpieza, restaurantes, papeleras y aparcamiento.

Actividad óptima Surf playa de categoría 2.

Recomendaciones Pesca submarina en el pedrero del este y pesca recreativa.

Playas de Tapia de Casariego

4. Playa de Santa Gadea, Pantorga o Ribeiría
5. Playa de Mexota
6. Playas de El Sarello y Serantes
7. Playa de El Calambre
8. Playa de La Paloma o Esteiro
9. Playa de La Reburdia
10. Playas de Anguileiro, El Murallón, La Furada y San Blas
11. Playa de Represas
12. Playa de Las Poleas
13. Playa de El Figo

- La capital es Tapia de Casariego. El concejo de Tapia de Casariego está formado por siete parroquias que son: Mántaras, La Roda (El Monte), La Veguiña, Campos y Salave, Serantes, El Valle de San Agustín, Cabillón y Tapia.
- Al norte limita con el mar Cantábrico; al sur y oeste, con Castropol, y con El Franco, por el este mediante la frontera que establece el río Porcía. El concejo se halla bien comunicado por la carretera N-634, que recorre la costa asturiana enlazando con Avilés y la autopista A-66 por el oriente, y con la autopista A-6 y la N-642 por el occidente.
- Desde Oviedo, por la N-634. Desde Gijón por la N-632 en dirección a Avilés y después continuar hacia Luarca por la N-634.
- Desde Lugo, se debe tomar la N-640 hasta Ribadeo.

Qué puedes visitar en el concejo:

- Campos: palacio de Campos (s. xv), castros de Esteiro, La Roda y Represas.
- La Roda: santuario Santa María del Monte o de Los Mártires.
- La Veguita: palacio y puente romano.
- Salave: casona de los Magdalena (s. xviii).
- Serantes: iglesia de San Andrés, casa de los Nogueiras.
- Tapia: casa consistorial, plaza de la Constitución, puerto, faro, instituto y escuelas (s. xix), casa de Huerta-Reguera (s. xvii), plaza de Juan Mairena, iglesia parroquial de San Esteban de estilo neogótico (s. xix), ermita sobre la villa de Tapia, piscina de agua salada en la antigua cetárea del puerto, capilla de la Virgen de la Encontrela, caserón de los Reguero (s. xvii), ermita de San Blas (s. xvi) y el palacio de Cancio (s. xvi), puerto pesquero y mercado los lunes.
- Faro Isla de Tapia (latitud: 43.574312 y longitud: -6.945934).
- Villamil: solar de los Yáñez de Villamil.
- Senda costera E-9, de Vegadeo a Tapia de Casariego.
- Senda costera E-9, de Tapia de Casariego a Viavélez.
- Durante la Semana Santa, Campeonato del Mundo de Surf de Tapia, Fiesta de Interés Turístico Nacional.

Playas de Santa Gadea, Pantorga o Ribeiría

Datos generales Latitud: 43.555546
Longitud: -6.988785

Playa de poca asistencia, situada en la localidad de Santa Gadea. Presenta forma de concha con una longitud de 200 m y una anchura media de 50 m. Se encuentra situada en un entorno rural y su peligrosidad es media. Sus accesos son rodados y fáciles, inferiores a 0,5 km. Compuesta por arena tostada oscura, sus grados de ocupación y urbanización son medios.

Cómo llegar sin GPS En las proximidades de la playa de Santa Gadea se encuentran núcleos urbanos tan conocidos como Villamil o Serantes. Accedemos a ella desde Serantes, tomando la salida 501 de la A-8 para incorporarnos a la N-634. Si bien no se puede acceder en coche hasta el pequeño arenal, que prácticamente desaparece en la pleamar, el aparcamiento oriental de la playa de Penarronda se encuentra a tan solo 350 metros.

Otros En su margen occidental, la presencia de los bonitos islotes de las Pantorgas.

Servicios Servicio de limpieza.

Actividad óptima Surf playa de categoría 1.

Recomendaciones *Windsurf,* pesca submarina, pesca recreativa y baños de sol. Apta para toda la familia.

Monstruos marinos 25 de octubre 2001: ballena de 28 toneladas de peso.
1 de marzo 2005: rorcual común de 16 m y 18 toneladas de peso.

Playa de Mexota

Datos generales Latitud: 43.557972
Longitud: -6.981769

Playa de poca asistencia, situada en la localidad de Santa Gadea. Esta rectilínea playa tiene una longitud de 250 m y una anchura media de 25 m. Se encuentra situada en un entorno residencial y su peligrosidad es media. Sus accesos son peatonales, fáciles e inferiores a 0,5 km. Está compuesta por finas arenas blancas, y su grado de urbanización es medio.

Cómo llegar sin GPS En sus cercanías se encuentran las localidades de Santa Gadea, Serantes y Villamil. Tras tomar la salida 501 de la A-8 e incorporarnos a la N-634, alcanzaremos Villamil por medio de la TC-3, donde encontraremos señalizaciones que nos dirigen a una pista de tierra orientada al norte, que nos llevará hasta la pequeña atalaya que domina la playa del Sarello y, finalmente, a la zona de aparcamiento de tierra de Mexota. Esta hermosa ensenada se caracteriza por estar dividida en dos, de norte a sur, por un islote a modo de sierra.

Otros Al oeste se pueden divisar las alargadas islas Pantorgas.

Servicios Equipo de vigilancia compartido con Serantes y El Sarello.

Actividad óptima Surf playa de categoría 2 y naturismo.

Recomendaciones Pesca recreativa a caña en el extremo oeste. Relax.

Playas de Serantes y El Sarello

Datos generales Latitud: 43.555266
Longitud: -6.974559

Playa de asistencia masiva durante el fin de semana, situada en la localidad de Serantes. Tiene forma de concha, con una longitud de 250 m y una anchura media de 150 m. Se encuentra situada en un entorno rural y su peligrosidad es media. Sus accesos son rodados, fáciles, inferiores a 0,5 km. Está compuesta de arena tostada oscura y grano medio. Sus grados de ocupación y de urbanización son medios.

Cómo llegar sin GPS Los núcleos de población más cercanos son Serantes y Cornayo. El acceso, tras incorporarnos a la N-634 por la salida 501 de la A-8, se encuentra bien señalizado y se realiza desde Serantes, donde tomaremos la desviación que nos llevará hasta su remodelado aparcamiento. A través de su vertiente oeste se observa el sinuoso discurrir final del tranquilo río Tol, y en sus proximidades un pequeño humedal y un apreciable conjunto dunar. En bajamar podremos caminar hacia el oeste hasta alcanzar las laderas que dominan Santa Gadea a través de las playas contiguas: la pequeña Sarello, en primer lugar, y Mexota.

Otros *Camping* en las cercanías y desembocadura fluvial.

Servicios Equipo de vigilancia, duchas, papeleras y aparcamiento.

Actividad óptima Actividades playeras habituales.

Recomendaciones Apta para toda la familia.

Playa de El Calambre

Datos generales Latitud: 43.560025
Longitud: -6.964216

Situada en la localidad de El Calambre. Su forma es alargada, con una longitud de 120 m y una anchura media de 10 m. Se encuentra situada en un entorno rural y su peligrosidad es media. Sus accesos son rodados, fáciles e inferiores a 0,5 km. Su composición es mixta, y los grados de ocupación y de urbanización son bajos.

Cómo llegar sin GPS Son localidades próximas Retela, Tapia de Casariego y el pueblo que alberga a sus espaldas, del que toma el nombre, y que puede alcanzarse por la N-634 bien desde la salida 501, o bien desde la salida 495 de la A-8, de las cuales equidista. Se accede por un pequeño camino que avanza desde El Calambre, siguiendo las señalizaciones en dirección al castro de El Esteiro. El cruce desde la pista principal hasta esta cala dista unos 400 metros del mencionado castro, y constituye la única referencia existente para alcanzar esta apartada pero hermosa cala, cuyo acceso desde tierra firme, al borde de los acantilados, es prácticamente imposible, lo que hace que sea muy poco visitada.

Otros Posibilidad de llevar a su mascota.

Servicios Ninguno.

Actividad óptima Pesca submarina y pesca recreativa.

Recomendaciones Protegerse con calzado fuerte y extremar la precaución en sus alrededores.

Playa de La Paloma o Esteiro

Datos generales Latitud: 43.561859
Longitud: -6.957049

Playa de asistencia masiva y/o alto riesgo, situada en la localidad de Tapia. De forma triangular, tiene una longitud de 200 m y una anchura media de 50 m. Se encuentra situada en un entorno rural y su peligrosidad es media. Sus accesos al arenal fino y dorado son rodados, fáciles e inferiores a 0,5 km. Su grado de ocupación es medio y el de urbanización, bajo.

Cómo llegar sin GPS Las localidades más cercanas a esta, la segunda playa en importancia del concejo de Tapia de Casariego, son El Calambre, Retela y Tapia. Accederemos desde la N-634, siguiendo las señalizaciones hacia el Camping Playa de Tapia desde la localidad de Rapalcuarto. Antes de alcanzar el mencionado *camping* veremos el área de aparcamiento de la playa, que dista 300 m del arenal. Esta es una playa tranquila en la que sus arenas se mezclan con aislados islotes bañados por el incierto camino del río Esteiro, que encontraremos bajo el mismo lugar de acceso. Dada esta circunstancia, si queremos evitar mojarnos, será necesario pasar por un pequeño puente hasta las lomas situadas enfrente para acceder al arenal a través de las piedras.

Otros *Camping* próximo y desembocadura fluvial. En grandes bajamares se ve unida a la playa de La Urbanización o Reburdia, situada al oeste de la punta Anguileira.

Servicios Equipo de vigilancia, área de pícnic, servicio de limpieza y aparcamiento.

Actividad óptima Surf playa de categoría 3.

Recomendaciones Apta para toda la familia, pesca recreativa desde la playa.

Playa de La Reburdia

Datos generales Latitud: 43.566679
Longitud: -6.953144

Playa de poca asistencia, situada en la localidad de Tapia. De forma triangular, tiene una longitud de 80 m y una anchura media de 47 m. Se encuentra en un entorno residencial y su peligrosidad es media. Sus accesos al lecho mixto, con presencia de doradas y finas arenas, son rodados, fáciles e inferiores a 0,5 m. Su grado de urbanización es bajo.

Cómo llegar sin GPS Núcleos cercanos son Tapia, Retela y La Reburdia. Se llega hasta ella abandonando la carretera nacional por la entrada más al oeste y dejando atrás el campo de fútbol. El acceso a esta playa, situada al oeste de la punta de Anguileiro, se efectúa a través de la urbanización Entreplayas, siendo sus veraneantes los que preferiblemente la ocupan. Podemos también pasar a la vecina playa de Anguileiro mediante unas cómodas escaleras, y a la de La Paloma, al oeste, a través del pedrero y en bajamar. Su acceso peatonal es adecuado, aunque las barandillas dejan que desear desde el punto de vista de seguridad.

Otros *Camping* próximo.

Servicios Equipo de vigilancia y servicio de limpieza.

Actividad óptima Pesca recreativa.

Recomendaciones Evitar quedar encerrados en sus extremos durante la pleamar.

Playas de Anguileiro, El Murallón, La Furada y San Blas

Datos generales Latitud: 43.563943
Longitud: -6.948509

Playa de asistencia masiva durante toda la época estival y/o alto riesgo ante una situación de emergencia, situada en la localidad de Tapia de Casariego. De forma triangular, tiene una longitud de 420 m y una anchura media de 450 m. Se encuentra situada en un entorno residencial y su peligrosidad es baja. Los accesos al arenal fino y dorado son rodados, fáciles e inferiores a 0,5 km. Su grado de urbanización es alto.

Cómo llegar sin GPS La desembocadura del río Anguileiro, que da nombre a este arenal, divide en dos esta hermosa playa. Se puede llegar hasta ella abandonando la N-364 e introduciéndose en plena villa de Tapia. Un bonito paseo rodea a esta y a las tres playas inmediatamente situadas hacia el este, que se comunican en bajamar formando un impresionante arenal cuyas márgenes son delimitados por la punta Anguileiro y el cabo de La Reburdia.

Otros *Camping* próximo y desembocadura fluvial.

Servicios Equipo de vigilancia, duchas, servicio de limpieza, aparcamiento, restaurantes, agua potable y permanente arena seca. Accesos dotados de rampas.

Actividad óptima Surf playa de categoría 2. Pesca recreativa.

Recomendaciones Apta para toda la familia por sus amplios servicios y la calidad de sus aguas y arenas. Acudir al faro de Tapia, el mejor observatorio ornitológico de la región.

Playa de Represas

Datos generales Latitud: 43.569975
Longitud: -6.939325

Playa de poca asistencia y situada en la localidad de Tapia. Esta rectilínea playa presenta una longitud de 300 m y una anchura media de 30 m. Se encuentra situada en un entorno residencial y su peligrosidad es media. Sus accesos al lecho mixto, con predominancia de afloramientos rocosos y escasas arenas de color tostado, son rodados, fáciles e inferiores a 0,5 km. Su grado de ocupación es bajo y el de urbanización es medio.

Cómo llegar sin GPS Son núcleos cercanos Tapia de Casariego y Barredo. Alcanzaremos esta playa desde las cercanías del mismo puerto de Tapia. Se puede utilizar para ello el paseo que discurre por la línea de costa, o bien llevar nuestro automóvil, desplazándonos a la salida costera de Tapia de Casariego situada más al este. Es utilizada habitualmente por pescadores, dada su casi total ausencia de arenas y la presencia de un antiguo colector urbano.

Otros Posibilidad de llevar a su mascota.

Servicios Duchas, acondicionamiento general en sus márgenes.

Actividad óptima Pesca recreativa en el pedrero.

Recomendaciones Utilizar un calzado adecuado para acceder.

Playa de Las Poleas

Datos generales Latitud: 43.570784
Longitud: -6.924305

Playa de poca asistencia, situada en la localidad de San Antonio. Con forma de concha, esta playa presenta una longitud de 120 m y una anchura media de 10 m. Se encuentra situada en un entorno residencial y su peligrosidad es media. Sus accesos al lecho mixto (arena gruesa oscura) son peatonales, fáciles e inferiores a 0,5 km. Su grado de urbanización es bajo.

Cómo llegar sin GPS El nombre le viene dado por el método empleado antiguamente en esta zona para extraer piedras y ocle. De él solo restan en la actualidad parte de las tres vigas de madera que las sustentaban y que serán nuestra referencia de localización una vez lleguemos a la línea de costa. Para ello, tomaremos la salida que desde la nacional nos acercará al núcleo de San Antonio. No viene indicado, pero es el camino inmediatamente posterior a la entrada principal a la villa de Tapia (si nos desplazamos en dirección oeste-este). Una vez llegados a una pequeña capilla, tomaremos dirección norte hasta que se acabe el asfalto y comiencen las pistas de tierra. Se encuentra situada al abrigo de un pequeño acantilado, aunque se puede descender, no sin precaución, hasta el nivel de playa por ambas vertientes.

Otros Posibilidad de llevar a su mascota.
Servicios Ninguno.
Actividad óptima Pesca submarina y pesca recreativa.
Recomendaciones No apta para llevar niños.

Playa de El Figo

Datos generales Latitud: 43.566244
Longitud: -6.907654

Playa con forma de concha, situada en la localidad de Salave.
Tiene una longitud de 200 m y una anchura media de 10 m. Se
encuentra situada en un entorno rural y su peligrosidad es media.
Sus accesos al lecho mixto (arena de grano medio oscura) son
peatonales, fáciles e inferiores a 0,5 km. Sus grados de ocupación
y urbanización son bajos.

Cómo llegar sin GPS Núcleos cercanos son A Follada y Medio. La gran cantidad de higos
que hay en el acantilado que la domina en su parte occidental le han
conferido su nombre. Se accede desde la N-634, 50 metros antes
del punto kilométrico 542, tomando el tramo asfaltado en dirección
nordeste que forma parte del camino de Santiago. Siguiendo las
indicaciones del GR E9, por esta vía alcanzaremos en 550 metros
un conjunto de casas frente al cual se alza el panel indicativo de
El Figo/Castro Castreda o Balmorto. A la izquierda de este panel se
inicia el sendero de 200 metros que lleva al arenal.

Otros Posibilidad de visitar, a través de la senda costera GR E9, las
cercanas lagunas de Salave, originadas por la actividad minera
romana.

Servicios Ninguno.

Actividad óptima Pesca submarina y pesca recreativa.

Recomendaciones Apta para senderistas.

Playas de El Franco

14. Playa de Porcía
15. Playa de Torbas
16. Playa de Monellos
17. Playa de Viavélez
18. Playa de Pormenande
19. Playa de Riboira
20. Playa de Cambaredo
21. Playa de Castello

- La capital es La Caridad. El concejo de El Franco está formado por ocho parroquias que son: Arancedo, La Braña, La Caridad, Lebredo, Miudes, Prendones, Valdepares y Villalmarzo. Resulta muy conocida y visitada la ribereña localidad de Viavélez.
- Está limitado por el mar Cantábrico al norte; los concejos de Castropol y Boal, al sur; con Coaña, al este, y al oeste, con Tapia de Casariego.

Qué puedes visitar en el concejo:

- Andina: cuevas de Andina (Monumento Natural).
- Arancedo: iglesia de San Cipriano y castro prehistórico.
- Cabo Blanco: yacimiento arqueológico de castros celtas.
- La Braña: santuario de nuestra Señora de La Braña.
- La Caridad: iglesia de San Miguel de Mohíces (s. xviii), Museo de La Forja, palacio de Jardón (s. xx), Colección Etnográfica de la Casa de las Quintas y mercadillo los lunes.
- Mendones: iglesia de San Juan de Prendones de estilo barroco románico.
- Miudes: Santa María de Miudes y palacio de la familia Castropol (s. xviii).
- San Juan de Prendones: el templo de San Juan.
- Pormenande: área recreativa de Pormenande.
- Valdepares: iglesia de San Bartolomé (s. xvi), palacio de Fonfría (s. xiv) y área recreativa de Las Pedreiras.
- Viavélez: palacio de Jardón y puerto pesquero (s. xvii).
- Villalmarzo: iglesia de Santo Domingo.
- Villar: palacio del s. xvii.
- Senda costera E-9, de Tapia de Casariego a Viavélez.
- Senda costera E-9, de Viavélez a Ortigueira.

Playa de Porcía

Datos generales Latitud: 43.561937
Longitud: -6.876047

Playa de asistencia masiva y/o alto riesgo, situada en la localidad de Campos-Salave. Este triangular arenal tiene una longitud de 220 m y una anchura media de 25 m. Se encuentra situada en un entorno residencial y su peligrosidad es baja. Los accesos a sus arenas finas y oscuras son rodados, fáciles e inferiores a 0,5 km. Su grado de ocupación es alto y el de urbanización medio.

Cómo llegar sin GPS Núcleos cercanos son Campos, Salave y El Franco. Se trata de una playa compartida con Tapia y El Franco, y que pasa por ser una de las más bellas de Asturias. Para llegar a ella es necesario dejar la N-634 y entrar en El Franco. A través de una vía local alcanzaremos el remodelado acceso, su aparcamiento y su acogedor entorno. Aquí grandes concentraciones de arenas alejadas de la mar cierran el estuario salpicando de meandros la desembocadura del tranquilo río Porcía. Durante la pleamar esta playa se ve inundada por completo y sus islotes adornan este maravilloso paisaje.

Otros Desembocadura fluvial.

Servicios Equipo de vigilancia, duchas, servicio de limpieza, agua potable y aparcamiento en torno a un bonito parque playa de 45 hectáreas.

Actividad óptima Pesca submarina, pesca recreativa y senderismo a través de cuatro sendas peatonales.

Recomendaciones Apta para toda la familia.

Playa de Torbas

Datos generales Latitud: 43.564285
Longitud: -6.85298

Playa de poca asistencia sin servicio de socorrismo, en Valdepares, al este de cabo Blanco. Cala con forma de ensenada, tiene una longitud de 100 m y una anchura media de 30 m, de entorno rural y peligrosidad media. Los accesos a sus arenas oscuras de grano medio son peatonales, fáciles e inferiores a 1 km. Los grados de ocupación y el de urbanización son bajos.

Cómo llegar sin GPS Tenemos dos accesos. El primero lo encontraremos aparcando junto al cementerio de Valdepares, al que se accede desde la N-634, km 357, en dirección norte. Desde allí, una pista de grava nos situará en el cabo Blanco, donde la bifurcación en dirección este desciende hasta la playa a lo largo de 300 metros.
El segundo, también por la N-634, se realiza desde el cruce a la entrada occidental de Valdepares. Siguiendo una estrecha pista de grava en dirección norte, tras un almacén de muebles, que nos llevará al pequeño aparcamiento de la playa de Monellos, desde donde podremos caminar los 400 metros que separan esta playa de la propia Torbas. El sendero desciende inicialmente por un eucaliptal, para luego elevarse por las praderías de cabo Blanco.

Otros Desembocadura fluvial y posibilidad de llevar a su mascota.
Servicios Ninguno.
Actividad óptima Pesca submarina y pesca recreativa.
Recomendaciones No recomendada para niños por sus numerosas piedras.
Encontraremos casi siempre aguas tranquilas.

Playa de Monellos

Datos generales Latitud: 43.562357
Longitud: -6.852379

Playa de poca asistencia, situada en la localidad de San Pelayo. Se trata de una playa con forma de ensenada que tiene una longitud de 100 m y una anchura media de 25 m. Su entorno es rural y su peligrosidad es media. El acceso a su lecho de piedra es peatonal, fácil e inferior a 0,5 km. Sus grados de ocupación y de urbanización son bajos.

Cómo llegar sin GPS Núcleos cercanos son Valdepares, San Pelayo y Viavélez. Se utiliza el mismo acceso que para la vecina Torbas. Tras superar el punto kilométrico 536 en la N-634 dirección oeste, se abre a la derecha un cruce junto a la entrada de la localidad de Valdepares. Tomando el ramal central y dejando a la derecha la pequeña ermita de San Pelayo, se alcanza en 70 metros una estrecha pista de grava en dirección norte, que nos llevará en 600 metros al pequeño apartadero en donde podremos estacionar nuestro vehículo.
Sus aguas suelen presentar una apariencia tranquila y las rocas, aunque numerosas, no presentan aristas cortantes.

Otros Desembocadura fluvial y posibilidad de llevar a su mascota.
Servicios Ninguno.
Actividad óptima Pesca submarina y pesca recreativa.
Recomendaciones Privilegiada situación al abrigo del embate de las olas, lo que la convierte también en un lugar idóneo para la natación.

Playa de Viavélez

Datos generales
Latitud: 43.564487
Longitud: -6.839032

Playa de poca asistencia, sin servicio de socorrismo, situada en la localidad de Viavélez. Se trata de una pequeña playa con forma de concha, en el mismo puerto, con una longitud de 100 m y una anchura media de 1 m. Su entorno es urbano y su peligrosidad es baja. El acceso a sus oscuras arenas de grano medio es fácil e inferior a 0,5 km. Sus grados de ocupación y urbanización son bajos. Dada su ubicación dentro del mismo puerto pesquero de Viavélez, es muy segura para el baño. De todas maneras, lo que se denomina playa se trata de una extensión mínima de terreno que solo puede ser apreciada en amplias bajamares. Núcleos cercanos son Viavélez y La Caridad.

Cómo llegar sin GPS
Para llegar a Viavélez saldremos de la autopista en el kilómetro 488, y desde la N-634 tomaremos la salida de la rotonda en dirección a La Caridad por la FR-1. Una vez dentro de esta localización, nos desviaremos por la FR-3 en dirección al propio Viavélez.

Otros
Posibilidad de llevar a su mascota. Senda costera E-9, de Viavélez a Ortigueira y de Tapia de Casariego a Viavélez.

Servicios
Ninguno.

Actividad óptima
Paseos y pesca recreativa con caña.

Recomendaciones
Mucho cuidado al pasar por las resbaladizas rampas.

Playa de Pormenande

Datos generales Latitud: 43.563896
Longitud: -6.82708

De asistencia masiva durante el fin de semana, está situada en La Caridad. Con forma de concha y una longitud de 200 m, su anchura media es de 6 m. Su entorno es rural y su peligrosidad es media. El acceso a sus cantos y arenas oscuras es rodado, fácil e inferior a 0,5 km. Sus grados de ocupación y urbanización son medios.

Cómo llegar sin GPS El núcleo más cercano es La Caridad, y el acceso a la playa está señalizado desde la N-634 en dirección a esta localidad, tras tomar la salida 488 de la A-8. Es la playa más concurrida del concejo y presenta la particularidad de unir su zona de baño mediante un tómbolo al islote de El Rego. La playa está, por tanto, cobijada por este y, dada su disposición frente al mar, se convierte en muy segura para el baño. Durante las pleamares, para evitar el cierre del acceso a la cala, se ha construido un paso en la roca. A la derecha del islote de El Rego nos encontramos con otra pequeña cala que al ser frecuentemente batida por las olas y además guardar el paso del arroyo del Matadero apenas se utiliza.

Otros Desembocadura fluvial.

Servicios Equipo de vigilancia, duchas, área de pícnic y recreativa, servicio de limpieza, restaurantes y aparcamiento.

Actividad óptima Pesca submarina y pesca recreativa.

Recomendaciones Apta para toda la familia.

Monstruos marinos 12 de agosto del 2004: *Trachipterus arcticus* de 2,30 m de longitud y unos 40 cm de ancho.

Playa de Riboira

Datos generales Latitud: 43.559605
Longitud: -6.820085

Playa de poca asistencia, situada en la localidad de La Caridad. De forma rectilínea, tiene una longitud de 290 m y una anchura media de 15 m. Su entorno es rural y su peligrosidad es media. El acceso al lecho de cantos y escasas arenas grises es peatonal, fácil e inferior a 0,5 km. Sus grados de ocupación y urbanización son bajos.

Cómo llegar sin GPS Playa de carácter solitario, cuyos únicos visitantes suelen ser pescadores ocasionales, ya que su acceso presenta bastante dificultad. Se trata este de una bajada conformada por unas escaleras que luego se unen a un sendero en zigzag, largo y peligroso y generalmente escondido y cubierto por densa vegetación. La aproximación se realiza por medio de la pista que continúa en dirección oeste desde la playa de Cambaredo (ver ficha siguiente).

Otros Playa con valores paisajísticos y ecológicos de primer orden. Posibilidad de llevar a su mascota. En La Caridad: iglesia de San Miguel de Mohíces (s. XVIII), Museo de La Forja, palacio de Jardón (s. XX) y mercadillo los lunes. Senda costera E-9, de Viavélez a Ortigueira.

Servicios Ninguno.

Actividad óptima Pesca submarina y pesca recreativa.

Recomendaciones Cuidado al aproximarse al acantilado.

Playa de Cambaredo

Datos generales Latitud: 43.556168
Longitud: -6.818175

Playa de poca asistencia, situada en la localidad de La Caridad. Esta ensenada tiene una longitud de 220 m y una anchura media de 25 m. Su entorno es rural y su peligrosidad es media. El acceso a este fondo mixto con gruesas arenas grises es complicado e inferior a 1 km. Sus grados de ocupación y urbanización son bajos.

Cómo llegar sin GPS El núcleo urbano más cercano es La Caridad, a la que se accede tomando la salida 488 de la A-8 para incorporarse a la N-634. Nada más salir de la rotonda y adentrarnos en La Caridad encontraremos un cartel señalizando el desvío a la derecha hacia el campo de fútbol El Este. El aparcamiento habilitado para la playa de Cambaredo se encuentra 150 m más adelante de estas instalaciones. Accesible también en bajamar a través del pedrero que la une al este con la vecina playa de Castello.

Otros Desembocadura fluvial y posibilidad de llevar a su mascota. En La Caridad: iglesia de San Miguel de Mohíces (s. XVIII), Museo de La Forja, palacio de Jardón (s. XX) y mercadillo los lunes. Senda costera E-9, de Viavélez a Ortigueira. Aguas tranquilas con altos valores naturales y ornitológicos.

Servicios Ninguno.

Actividad óptima Pesca submarina y pesca recreativa.

Recomendaciones Precaución en el resbaladizo pedrero.

Playa de Castello

Datos generales Latitud: 43.554193
Longitud: -6.811395

Playa de asistencia masiva durante el fin de semana, en la localidad de La Caridad. Con forma de ensenada alcanza una longitud de 400 m y una anchura media de 35 m. Su entorno es rural y su peligrosidad es media. Los accesos a sus arenas oscuras de grado medio y gravas cuarcíticas son rodados, complicados e inferiores a 1 km. Los grados de ocupación y urbanización son bajos.

Cómo llegar sin GPS Núcleos cercanos son Castello y Arboces. El acceso se encuentra indicado desde la N-634, tomando previamente la salida 488 de la A-8.

Otros Desembocadura fluvial, *camping* en las proximidades y posibilidad de llevar a su mascota. En el sector este se encuentra el castro de El Castellón. Es la mayor y más interesante del conjunto de playas labradas dentro de la formación geológica de la serie de los cabos. Turismo en La Caridad. Senda costera E-9, de Viavélez a Ortigueira.

Servicios Aparcamiento y bonita área de pícnic.

Actividad óptima Senderismo y pesca submarina.

Recomendaciones Se recomienda utilizar calzado durante el baño.

Playas de Coaña

22. Playas de Armazá y El Barco
23. Playas de Cartavio y Torbas
24. Playa de Aguiyón
25. Playa de Collé
26. Playa de Pedreyada
27. Playa de La Coba
28. Playa de Figueira
29. Playas de Amarelle y La Isla
30. Playa de Ortigueira
31. Playa de Arnielles
32. Playa de Foxos o Barra

- La capital es Coaña. El concejo de Coaña está formado por las siguientes parroquias: Santa María de Cartavio, Lebredo, Santa María de Coaña, Santiago de Folgueras, San Martín de Mohías, San Juan de Trelles y Santos Cosme y Damián de Villacondide.
- Coaña limita al norte con el mar Cantábrico; al sur, con Boal; al este, con el río Navia (que hace de frontera con Navia y Villayón), y al oeste, con El Franco.

Qué puedes visitar en el concejo:

- Cartavio: iglesia de Santa María.
- Coaña: casa Canel y Quinta de Jardón, edificio ecléctico; Aula Didáctica del Castro de Coaña y Castro de Coaña, casa Cuete y estela discoidea (Monumento Nacional).
- Mohías: palacio de los Cienfuegos Jovellanos (s. XVIII), iglesia parroquial de estilo neogótico y castro de Mohías, de época romana.
- Ortigueira: capilla del cabo de San Agustín (s. XVIII) y puerto pesquero.
- Faro del cabo de San Agustín en Ortigueira (latitud: 43.563515 y longitud: -6.734125).
- Senda costera E-9, de Viavélez a Ortigueira.

Playas de Armazá y El Barco

Datos generales Latitud: 43.555204
Longitud: -6.79925

Playa de poca asistencia, situada en la localidad de Cartavio. Este pedrero con forma de concha tiene una longitud de 425 m y una anchura media de 30 m. Se encuentra situado en un entorno rural y su peligrosidad es media. Fáciles accesos peatonales inferiores a 0,5 km. Su lecho es mixto, con numerosos cantos rodados y escasas y oscuras arenas. Sus grados de ocupación y urbanización son bajos. El Barco, de 90 m de longitud, está separado de ella al oeste por un saliente rocoso que permite el paso únicamente en bajamar.

Cómo llegar sin GPS Accederemos a la localidad de Cartavio por la N-634 desde la salida 483 de la A-8, y atravesaremos las vías del tren por el único paso elevado. Es necesario dejar el coche en el aparcamiento señalizado del area recreativa de Salías, volviendo luego a la carretera y recorriendo a pie los últimos 450 metros. En ese punto accederemos al GR-204, que seguiremos durante 150 metros hasta encontrar un desvío en dirección a la costa, si bien se encuentra frecuentemente cerrado por la vegetación. Por ello se hace recomendable acceder desde la playa de Cartavio, lo cual es posible en bajamares de alto coeficiente.

Otros Desembocadura fluvial y posibilidad de llevar a su mascota.

Servicios Ninguno.

Actividad óptima Pesca submarina y pesca recreativa.

Recomendaciones Acceder en bajamar desde Cartavio.

Playas de Cartavio y Torbas

Datos generales Latitud: 43.55564
Longitud: -6.789207

Ensenada compuesta de dos calas seguidas, perteneciente a Cartavio. Tiene una longitud de 110 m y una anchura media de 20 m, mientras que Torbas (su continuación) presenta una longitud de 650 m y una anchura de 20 m. Sus entornos son rurales y su peligrosidad es baja. Los accesos son peatonales, fáciles e inferiores a 1 km, siendo empleados para acceder también a la playa de El Barco, en su margen izquierda. Están compuestas de arenas grises oscuras y cantos. Sus grados de ocupación y urbanización son bajos.

Cómo llegar sin GPS El acceso a Torbas se efectúa desde el núcleo de Loza, a través de una cómoda carretera que muere en un aparcamiento y mediante unas escaleras al lecho de cantos.
El acceso a Loza se realiza por la CÑ-5 desde la N-634, después de haber tomado la salida 483 de la A-8. Desde el centro del pueblo podremos seguir los carteles de madera que señalizan los múltiples cruces en dirección al arenal. Los últimos metros de aproximación se realizan por pista de tierra y el aparcamiento al final de esta es escaso, por lo que tal vez sea necesario estacionar en la propia localidad de Loza e ir caminando.

Otros Arroyo en el acceso a Torbas.

Servicios Ninguno.

Actividad óptima Pesca submarina en la margen derecha y pesca recreativa.

Recomendaciones Playa apta para toda la familia.

Playa de Aguiyón

Datos generales Latitud: 43.564472
Longitud: -6.778564

Playa perteneciente a la localidad de Loza. Se trata de un pedrero con forma de concha que tiene una longitud de 380 m y una anchura media de 20 m. Su entorno es rural y su peligrosidad es alta. Los accesos son peatonales y complicados, e inferiores a 1 km. Está compuesta por arenas grises de grano medio, y sus grados de ocupación y urbanización son bajos.

Cómo llegar sin GPS Núcleos cercanos son Villalocay y Loza. Desde la localidad de Loza, tomaremos la pista que parte hacia la playa de Torbas y en el lugar del cruce de caminos, donde se inicia el descenso, avanzaremos por la pista que se dirige hacia el mar, para llegar al borde del espectacular y peligroso acantilado.

Otros Solitaria playa de gran importancia natural. Al oeste se localiza la punta del Palo. Senda costera E-9, de Vivélez a Ortigueira.

Servicios Ninguno.

Actividad óptima Pesca submarina y pesca recreativa.

Recomendaciones Prestar atención en la proximidad de los acantilados.

Playa de Collé

Datos generales Latitud: 43.566926
Longitud:–6.771097

Playa de poca asistencia, perteneciente a la localidad de Loza. Este pedrero con forma de concha tiene una longitud de 135 m y una anchura media de 8 m. Su entorno es rural y su peligrosidad es alta. Los accesos son peatonales, muy complicados e inferiores a 1 km. Está compuesta de arenas grises de grano medio, y sus grados de ocupación y urbanización son bajos.

Cómo llegar sin GPS Núcleos rurales próximos son Villalocay y Loza. Está localizada al abrigo de altos acantilados y es conocida también como la Llastra Collé. Se encuentra al oeste de la punta Engaramada y al este de la punta del Palo. Para referenciar la búsqueda de esta playa de aguas casi eternamente turquesas, deberemos preguntar por la punta Engaramada. En su interior se encuentran las excelentes calas de pesca de la Engaramada y la Engaramadina. A la izquierda de estas calas, o lo que es lo mismo, al final del bosque en su vertiente oeste, podremos visualizarla sin impedimento.

Otros Presencia de numerosa fauna terrestre y marina, dado su estado casi virgen (halcones, gaviotas, ardillas, etc.).

Servicios Ninguno.

Actividad óptima Pesca submarina y pesca recreativa.

Recomendaciones Mucho cuidado en la proximidad de los acantilados.

Playa de Pedreyada

Datos generales Latitud: 43.5664409
Longitud: -6.76466

De poca asistencia y perteneciente a la localidad de Villalocay.
Pedrero con forma de concha con una longitud de 200 m y una
anchura media de 8 m. Su entorno es rural y su peligrosidad es
baja. Los accesos son peatonales, fáciles e inferiores a 1 km.
Está compuesta de arenas grises de grano medio, y sus grados
de ocupación y urbanización son bajos.

Cómo llegar sin GPS El núcleo más cercano es Loza. Esta playa que se divide en dos
durante las pleamares, se encuentra dentro de la ensenada de
Figueras y muere al oeste, al abrigo de la punta Engaramada
(en cuya falda presenta un cómodo pedrero, rico en mariscos).
Al acceso, aunque no está señalizado, se llega desde Villalocay.
Partiremos hacia su zona este y, observando el cerrado bosque,
veremos que a la derecha de este se encuentran varios núcleos de
árboles dispersos hacia los cuales se dirige una pista. Al final
de ella se encuentra el cómodo acceso que se divide en dos
durante la bajada, dando paso a ambos lados de la playa.

Otros Son características de esta playa la limpieza y tranquilidad de sus
aguas y la poca o nula utilización por parte del turismo.

Servicios Ninguno.

Actividad óptima Pesca submarina y pesca recreativa.

Recomendaciones Playa apta para toda la familia.

Playa de La Coba

Datos generales
Latitud: 43.562855
Longitud: -6.763029

Playa de poca asistencia, ubicada en la localidad de Villalocay. Es un pedrero con forma de concha que presenta una longitud de 110 m y una anchura media de 8 m. Se encuentra situada en un entorno rural y su peligrosidad es baja. Sus fáciles accesos son peatonales e inferiores a 1 km. Está compuesta de arena gris de grano medio, y sus grados de ocupación y urbanización son bajos.

Cómo llegar sin GPS
El núcleo más cercano es Loza. Para dar con la playa de La Coba es necesario seguir a pie el mismo camino que nos lleva a la de Pedreyada. Únicamente lo que haremos será continuar por el ramal que paralelo a la costa gira a la derecha. La encontraremos en el centro de la hermosa ensenada de Figueras.

Otros
Aguas tranquilas. Alto valor ecológico. En Mohías: palacio de los Cienfuegos-Jovellanos (s. XVIII) e iglesia parroquial de estilo neogótico; castro de Mohías, de época romana. Senda costera E-9, de Viavélez a Ortigueira.

Servicios
Ninguno.

Actividad óptima
Pesca submarina y pesca recreativa.

Recomendaciones
Playa apta para toda la familia, cuyo camino generalmente se encuentra tupido por la vegetación.

Playa de Figueira

Datos generales Latitud: 43.561237
Longitud: -6.75951

Playa de poca asistencia, perteneciente a la localidad de Medal. Es un pedrero rectilíneo que tiene una longitud de 240 m y una anchura media de 35 m. Su entorno es rural y su peligrosidad baja. Los complicados accesos rodados son inferiores a 0,5 km. Su lecho se compone de arenas oscuras, y sus grados de ocupación y urbanización son bajos.

Cómo llegar sin GPS Núcleos rurales más próximos son Medal y Loza. Tomando la salida 483 de la A-8 nos dirigiremos hacia el polígono de Río Pinto. Al final de este, el primer cruce a la izquierda y un segundo en el mismo sentido nos depositarán en la carretera de Loza, que habremos de seguir en dirección norte hasta un pequeño mirador del que parten las escaleras de acceso al pedrero.

Otros Se cubre en pleamar prácticamente en su totalidad. Alto valor ecológico. En Mohías: palacio de los Cienfuegos-Jovellanos (s. XVIII) e iglesia parroquial de estilo neogótico; castro de Mohías, de época romana. Senda costera E-9, de Viavélez a Ortigueira. Faro del cabo de San Agustín en Ortigueira (latitud: 43.563515 y longitud: -6.734125).

Servicios Ninguno.

Actividad óptima Pesca submarina y pesca recreativa en las proximidades del islote Illones, al este.

Recomendaciones Acudir con calzado apropiado para bañarse. No es recomendable bajar el coche debido al reducido espacio de aparcamiento.

Playas de Amarelle y La Isla

Datos generales Latitud: 43.563228
Longitud: -6.754017

Playa perteneciente a la localidad de Medal. Tiene forma de concha y una longitud de 50 m, su anchura media es de 20 m. Su entorno es rural y su peligrosidad, media. Muy complicado su acceso peatonal, con una longitud inferior a 0,5 km. Presenta arenas grises de tamaño medio, y un grado de ocupación y urbanización bajo.

Cómo llegar sin GPS Avanzando desde la localidad de Medal y hacia la costa, llegaremos a una arboleda. Dejaremos el vehículo y avanzaremos unos 500 m para alcanzar el lugar donde se abre repentinamente un camino de carácter marcadamente vertical, que avanza por el lomo de una ladera hasta el mar. Frente a nosotros nos encontraremos con el espléndido islote Illones, permanentemente habitado por cientos de gaviotas. En su margen derecha se encuentra el pedrero de La Isla. A la izquierda del islote se sitúa la escondida playa de Amarelle.

Otros Existe otro acceso, aunque bastante más complicado, por lo que recomendamos el expuesto. Belleza del islote Illones y alto valor ecológico de esta zona. En Ortigueira: capilla del cabo de San Agustín (s. XVIII) y puerto pesquero. Faro del cabo de San Agustín en Ortigueira (latitud: 43.563515 y longitud: -6.734125). Senda costera E-9, de Viavélez a Ortigueira.

Servicios Ninguno.

Actividad óptima Pesca recreativa a caña.

Recomendaciones Cuidado al efectuar el descenso y no hacerlo con el terreno húmedo.

Playa de Ortigueira

Datos generales Latitud: 43.560553
Longitud: -6.741142

Playa de poca asistencia, perteneciente a la localidad de Ortigueira. De forma rectilínea, tiene una longitud de 50 m y una anchura media de 7 m. Está compuesta de cantos, y sus grados de ocupación y urbanización son bajos. Su entorno es urbano y su peligrosidad es media. Los accesos son rodados e inferiores a 0,5 km.

Cómo llegar sin GPS Esta pequeña playa se encuentra en el mismo puerto de Ortigueira, a la izquierda de este y separada de él por la desembocadura de un arroyo. Es nula su utilización para el baño, aunque resulta muy atractivo todo su entorno. Para llegar al puerto, tomaremos la salida 483 de la A-8, enlazando con la N-634 en dirección a Navia hasta encontrar el desvío a Ortigueira.

Otros Desembocadura fluvial y posibilidad de llevar a su mascota. Ambiente marinero. En Coaña: Aula Didáctica del Castro de Coaña y Castro de Coaña, casa Canel, Quinta Jardón, casa Cuete y estela discoidea (Monumento Nacional).
En Ortigueira: capilla del cabo de San Agustín (s. XVIII) y puerto pesquero. Senda costera E-9, de Viavélez a Ortigueira. Faro del cabo de San Agustín en Ortigueira (latitud: 43.563515 y longitud: -6.734125).

Servicios Ninguno.

Actividad óptima Pesca submarina y pesca recreativa.

Recomendaciones Las vistas que ofrece el faro en días de sol.

Playa de Arnielles

Datos generales Latitud: 43.559931
Longitud: –6.732302

Playa de asistencia masiva durante el fin de semana, perteneciente a la localidad de Foxos. Tiene forma de concha, una longitud de 150 m y su anchura media es de 42 m. Su entorno es residencial y su peligrosidad es baja. Los accesos son rodados e inferiores a 0,5 km. Presenta una composición mixta, a base de cantos y arenas finas tostadas. Sus grados de ocupación y urbanización son medios.

Cómo llegar sin GPS Núcleos cercanos son Ortigueira y Foxos. Esta es, junto con la de Foxos, la única playa de arena del concejo. El acceso se efectúa a través de un camino de escaleras que baja por la ladera del cabo de San Agustín (sobre la cual se encuentra una urbanización) y en la que resalta la figura del faro del mismo nombre. Tomaremos la salida 483 de la A-8 para enlazar con la N-634 en dirección Navia. Desde esta carretera, el acceso se encuentra señalizado hacia la localidad de Ortigueira, donde se encuentra el arenal.

Otros Desembocadura fluvial del arroyo La Ferrería.

Servicios Equipo de vigilancia, servicio de limpieza y aparcamiento.

Actividad óptima Pesca recreativa.

Recomendaciones Apta para toda la familia. Imprescindible: una visita al castro de Coaña.

Playa de Foxos o Barra

Datos generales Latitud: 43.556137
Longitud: -6.726809

Playa de asistencia masiva durante el fin de semana, perteneciente a la localidad de Mohías. Tiene forma rectilínea y una longitud de 150 m, su anchura media es de 8 m. Su entorno es rural y la peligrosidad es alta. Sus accesos son rodados e inferiores a 0,5 km. Su lecho es mixto con predominancia de arenas gruesas oscuras y cerradas con pequeña escollera. Su grado de ocupación es alto y el de urbanización es medio.

Cómo llegar sin GPS El núcleo rural más próximo es Foxos. La playa de Foxos, también llamada Barra, se encuentra entre la de Arnielles y la desembocadura de la ría de Navia en su margen izquierda. Tomaremos la salida 483 de la A-8 para enlazar con la N-634 en dirección Navia, y nos desviaremos hacia A Regueira tras haber sobrepasado la localidad de Jarrio. Desde este desvío habremos de seguir en dirección norte hasta encontrar las señalizaciones del área recreativa de Foxos. Este pequeño arenal situado en la ría dispone de una pequeña área recreativa y servicio de limpieza, pero, si no se está acostumbrado, puede molestar el olor permanente que la brisa trae desde la cercana fábrica de papel.

Otros Desembocadura fluvial y posibilidad de llevar a su mascota.

Servicios Equipo de vigilancia, área de pícnic, servicio de limpieza y aparcamiento.

Actividad óptima Pesca recreativa.

Recomendaciones No se recomienda alejarse durante el baño por las corrientes de la ría.

Playas de Navia

33. Playa de Navia
34. Playa del Moro
35. Playas de Las Cascareiras, El Barroso y Las Rubias
36. Playa de Coedo
37. Playa de Teifaros
38. Playa de Fabal
39. Playa de Frejulfe
40. Playas de El Castiel y Gamonedo
41. Playa de La Isla
42. Playa de El Picón
43. Playas de Las Loseras y La Friera
44. Playas de El Castillo, El Montecón y La Isla
45. Playas de Asteiro, Canares y El Pariso
46. Playas de Puerto Chico y La Romanela

- La capital es Navia. El concejo de Navia está formado por las siguientes parroquias: Santa María de Cartavio, Lebredo, Santa María de Coaña, Santiago de Folgueras, San Martín de Mohías, San Juan de Trelles y Santos Cosme y Damián de Villacondide.
- Limita al norte con el mar Cantábrico; al sur, con Villayón; al este, con Valdés, y al oeste, con Coaña y Boal.

Qué puedes visitar en el concejo:

- Andés: iglesia de San Pedro de Andés.
- Anleo: palacio de los Anleo (s. XVIII) e iglesia de San Miguel de Anleo (s. XI, Cristo de marfil filipino).
- Armental: palacio o torre de Lienes (s. XVI al XVIII).
- Navia: casa de Navia y torre de las Armas, casino (1922), palacio Arias (1925 y estilo montañés), iglesia de Santa María de la Barca (estilo neogótico, s. XIX), Monumento a Ramón de Campoamor, Monumento al Emigrante, ayuntamiento (s. XIX) y mercadillo los jueves.
- Piñera: palacio de Camposorio (s. XVIII).
- Playa de Frejulfe: Monumento Natural.
- Puerto de Vega: Pueblo Ejemplar de Asturias en 1995, Pueblo más bonito de Asturias en 1998, casa de los Trelles-Osorio (en la que falleció Jovellanos), edificios blasonados, mirador de la Riva (con un arpón), Museo Etnográfico Juan Pérez Villamil y el Museo de las Historias del Mar, así como su puerto pesquero.
- Talarén: iglesia de San Antolín de Villanueva.
- Tox: palacio de Tox; casa-palacio de Fernández Cueto, de planta rectangular (ss. XVI y XVIII), y casas de indianos.
- Villaoril: santuario de Nuestra Señora, crucero.
- Villapedre: iglesia de San Bartolomé de Polavieja y construcciones indianas.
- Senda costera desde Navia a Barayo.
- Día 16 de agosto: descenso a nado de la ría de Navia, Fiesta de Interés Turístico Nacional.

Playa de Navia

Datos generales Latitud: 43.555173
Longitud: -6.722174

Playa de asistencia masiva durante toda la época estival y/o alto riesgo ante una situación de emergencia, situada en la localidad de Navia. Presenta forma rectilínea con una longitud de 350 m y una anchura media de 120 m. Se encuentra en un entorno urbano y su peligrosidad es baja. Fáciles accesos rodados, inferiores a 0,5 km. Está compuesta de gruesa arena oscura, y su grado de ocupación es alto y el de urbanización, medio.

Cómo llegar sin GPS El núcleo más cercano es Navia. El acceso a este arenal se efectúa desde el mismo centro de la villa de Navia, siguiendo la avenida del Pardo (vieja carretera de la costa hacia Andés), tras acceder a Navia por la N-634 desde la salida 477 de la A-8. De camino hacia esta, nos encontramos con pinares y eucaliptales que circundan un bonito lago al que se denomina Vega de Arenas. Dispone de un espigón situado en la margen izquierda que la separa de la ría y, en la derecha, de unas escaleras que suben hasta un privilegiado mirador y al Monumento al Emigrante.

Otros Desembocadura fluvial.

Servicios Equipo de vigilancia, agua potable, duchas, área de pícnic, servicio de limpieza, restaurantes y aparcamiento.

Actividad óptima Surf playa de categoría 1.

Recomendaciones Playa para toda la familia. Pesca recreativa en la ría.

Playa del Moro

Datos generales Latitud: 43.558065
Longitud: -6.717668

Playa de poca asistencia en la localidad de Navia. Tiene forma rectilínea con una longitud de 100 m y una anchura media de 25 m. Se encuentra situada en un entorno urbano y su peligrosidad es media. Accesos rodados, inferiores a 0,5 km para esta localización de gruesa arena oscura compuesta de sílice y pizarras. Sus grados de ocupación y urbanización son medios.

Cómo llegar sin GPS La playa del Moro, también llamada Peñafurada, es una prolongación de la de Navia, a la que se ve unida y se puede acceder durante la bajamar. El otro acceso posible, y no en vano el más utilizado, se encuentra tras el mirador situado en la vertiente este de la playa de Navia. Podemos observarla perfectamente desde el mirador situado entre las dos playas.

Otros Mucha menos asistencia de usuarios que a la playa de Navia. Resulta interesante iniciar aquí la senda costera hacia el este. En Andés: iglesia de San Pedro. En Navia: casa de Navia y torre de las Armas, casino (1922), palacio Arias (1925), iglesia de Santa María de la Barca (s. xix), Monumento a Ramón de Campoamor, Monumento al Emigrante, ayuntamiento (s. xix) y mercadillo los jueves. En Talarén: iglesia de San Antolín de Villanueva.

Servicios Limpieza de playa y aparcamiento.

Actividad óptima Presencia de una fuente de agua dulce, recreativos.

Recomendaciones Surf playa de categoría 2 y naturismo.
Pesca submarina a la derecha y pesca recreativa.

Playas de Las Cascareiras, El Barroso y Las Rubias

Datos generales Latitud: 43.560833
Longitud: -6.714492

Las Cascareiras presenta forma de concha, una longitud de 350 m y una anchura media de 25 m. La de El Barroso es sinuosa y tiene una longitud de 225 m, siendo su anchura media de 25 m, y Las Rubias presenta los mismos datos bajo una forma de concha. Todas se encuentran en un entorno rural y tienen una peligrosidad media, siendo la segunda la más peligrosa, por su distancia del mar y su disposición casi completamente horizontal. Los accesos son peatonales, inferiores a 3 km. Están las tres compuestas por cantos y su escasa arena es gruesa y gris. Tanto el grado de ocupación como el de urbanización es bajo.

Cómo llegar sin GPS El acceso se efectúa a través de la senda que arranca tras la playa del Moro, en dirección hacia la punta de La Sierra y que llega hasta Coedo.

Otros Posibilidad de llevar a su mascota. Senda de la playa de Navia hasta Coedo. En Andés: iglesia de San Pedro de Andés.

Servicios Ninguno.

Actividad óptima Pesca submarina, marisqueo y pesca recreativa.

Recomendaciones Proveerse de calzado adecuado para el sendero y el acceso al pedrero.

Playa de Coedo

Datos generales Latitud: 43.560429
Longitud: -6.698399

Playa de poca asistencia en la localidad de Las Cortinas. Con forma de ensenada, tiene una longitud de 100 m y una anchura media de 35 m. Su entorno es rural y su peligrosidad es baja. Fáciles accesos peatonales inferiores a 0,5 km. En su mayor parte, su lecho es de arena gruesa de tono oscuro, al que con asiduidad arriba el ocle arrancado en las mareas. Sus grados de ocupación y urbanización son bajos.

Cómo llegar sin GPS Tomando la salida 477 de la A-8 enlazaremos con la N-634 en dirección Navia, desviándonos de manera casi inmediata por la NV-3 hacia la localidad de Andés. Entre la iglesia parroquial de San Pedro de Andés y el campo de fútbol parte una estrecha carretera en dirección norte que habremos de seguir hasta encontrar las señalizaciones hacia Las Cortinas/Playa de Coedo. La zona de aparcamiento dista unos 50 metros de la playa, en una curva de la carretera frente a una pista de acceso restringido.

Otros Desembocadura fluvial y posibilidad de llevar a su mascota. Roca con un perfil singular denominada El *Home* de Coedo. En Andés: iglesia de San Pedro de Andés.

Servicios Ninguno.

Actividad óptima Pesca submarina y pesca recreativa.

Recomendaciones Playa para toda la familia.

Playa de Teifaros

Datos generales Latitud: 43.561237
Longitud: -6.693935

Pedrero ubicado en la localidad de Teifaros. Su longitud es de 450 m y una anchura media de 50 m. Su entorno es rural y su peligrosidad es baja. Regular acceso peatonal, inferior a 0,5 km. Carece de arena,y sus grados de ocupación y urbanización son bajos.

Cómo llegar sin GPS A este pedrero se accede utilizando, en primera instancia, el mismo camino que nos llevará a la vecina playa de Fabal. En este caso nos desviaremos en la loma que encontraremos a la izquierda, un poco antes de visualizar dicha playa al fondo. La bajada tiene un acceso dificultoso.

Otros Posibilidad de llevar a su mascota. Belleza salvaje del entorno. En Andés: iglesia de San Pedro de Andés. En Villaoril: santuario de Nuestra Señora y crucero.

Servicios Ninguno.

Actividad óptima Pesca recreativa a caña y marisqueo.

Recomendaciones Senderismo y fotografía. Llevar calzado adecuado para el pedrero y pantalón largo para evitar un acceso tupido por helechos y tojos.

Playa de Fabal

Datos generales Latitud: 43.559714
Longitud: -6.691275

Playa de poca asistencia, perteneciente a la localidad de Teifaros. Su forma es de concha, con una longitud 450 m y una anchura media de 35 m. Su entorno es rural y su peligrosidad es baja. De fácil acceso peatonal, inferior a 0,5 km. Su arena es tostada y de grano medio. El grado de ocupación y urbanización es bajo. Fabal es una playa escondida entre acantilados, extraordinaria por su hermosura y la tranquilidad que transmite.

Cómo llegar sin GPS Núcleos cercanos son Teifaros y Las Cortinas. Tomando la salida 477 de la A-8 enlazaremos con la N-634 en dirección Navia, desviándonos de manera casi inmediata por la NV-3 hacia la localidad de Andés. Enlazando con la NV-2 y dejando la iglesia parroquial de San Pedro de Andés a nuestra izquierda, seguiremos los paneles indicativos hacia la playa de Frejulfe, pero nos desviaremos a la izquierda en el segundo cruce asfaltado a la izquierda (700 metros desde la iglesia). Desde aquí seguiremos la carretera hasta llegar al cartel que indica Playa de Fabal-Acceso Peatonal.

Otros Posibilidad de llevar a su mascota. Presencia de un acantilado fósil en la margen izquierda, con una longitud cercana a los 100 m. En Andés: iglesia de San Pedro de Andés. En Villaoril: santuario de Nuestra Señora y crucero.

Servicios Ninguno.

Actividad óptima Pesca submarina y pesca recreativa.

Recomendaciones Últimos metros de bajada un poco dificultosos.

Playa de Frejulfe

Datos generales Latitud: 43.559185
Longitud: -6.674495

Playa de asistencia masiva durante el fin de semana. Ubicada en la localidad de Frejulfe, esta rectilínea playa tiene una longitud de 850 m y una anchura media de 80 m. Su entorno es rural y su peligrosidad es media. Fáciles accesos peatonales inferiores a 0,5 km. Su arena es tostada y de grano fino. El grado de ocupación es medio y el de urbanización es bajo. Playa declarada Monumento Natural.

Cómo llegar sin GPS Núcleos cercanos son Frejulfe, Fontes, Puerto de Vega y Soirana. Existen dos accesos: el primero parte desde el propio pueblo de Frejulfe y se encuentra perfectamente indicado, siendo rodado. El segundo parte desde Soirana, avanzando desde Puerto de Vega (Pueblo Ejemplar de Asturias 1995 y Pueblo más bonito de Asturias 1998). En este caso bajaremos a pie desde el mirador situado más al oriente, por unas cómodas escaleras. Al occidente de este enclave podemos observar la punta de El Picón, y al oriente, el Cantín de la Arena. En ambos casos partiremos de la salida 474 de la A-8 para enlazar con la N-634 en dirección Navia.

Otros Desembocadura fluvial y *camping* próximo (Puerto de Vega). Esta playa ha sido declarada Monumento Natural. Atractivos turísticos de Puerto de Vega. En Piñera: palacio de Camposorio (s. XVIII). En Villaoril: santuario de Nuestra Señora y crucero.

Servicios Equipo de vigilancia, duchas, servicio de limpieza y aparcamiento.

Actividad óptima Surf playa de categoría 2. Pesca recreativa.

Recomendaciones Últimos metros de bajada un poco dificultosos.

Playas de El Castiel y Gamonedo

Datos generales Latitud: 43.563197
Longitud: -6.669474

Pedreros situados ambos en la localidad de Soirana. Los dos tienen forma triangular; El Castiel presenta una longitud de 300 m y una anchura media de 10 m, y Gamonedo, 150 m de longitud con una anchura media de 3 m. Sus entornos son vírgenes, y su peligrosidad, alta. Presentan accesos peatonales y su lecho de rocas no tiene arena. Los grados de ocupación y urbanización son bajos.

Cómo llegar sin GPS Saldremos en esta ocasión desde Puerto de Vega en dirección a Frejulfe. Una vez llegados al mirador que domina a esta en su vertiente oriental, encontraremos El Castiel tras el Cantín de la Arena. Para ello, caminaremos por una pista unos 800 m hacia el este, donde encontraremos esta cala habitualmente batida con fuerza por el mar. Más adelante, y continuando la senda peatonal otros 1500 m más, encontraremos Gamonedo.

Otros Posibilidad de llevar a su mascota. Senda costera y proximidad a la playa de Frejulfe y Puerto de Vega. Arquitectura popular y casas de indianos en Tox y Villapedre.

Servicios Aparcamiento.

Actividad óptima Pesca submarina y pesca recreativa a caña.

Recomendaciones Extremar la precaución: zona de fuertes corrientes y oleaje intenso.

Playa de La Isla

Datos generales	Latitud: 43.566866 Longitud: -6.659346

Podemos encontrar esta cala situada en la localidad de Santa Marina. Tiene forma sinuosa a lo largo de sus 300 m y posee una anchura media de 8 m. Su entorno rural es virgen y su peligrosidad es media. Sus fáciles accesos son peatonales, inferiores a 3 km. Está compuesta de rocas y, sus grados de ocupación y urbanización son bajos.

Cómo llegar sin GPS Tomando la salida 474 de la A-8 en dirección a Puerto de Vega alcanzaremos la NV-7 y posteriormente la NV-2, ambas en dirección Navia y la playa de Frejulfe. A la salida del pueblo de Soirana tomaremos el camino asfaltado en dirección a los alojamientos de turismo rural de esta última localidad. El asfalto se transforma en pista de tierra durante los últimos 200 metros, con escasa zona de aparcamiento en un apartadero al final de esta. Desde aquí (playa de El Picón), seguiremos la senda en dirección oeste hasta situarnos frente al islote que da nombre a la cala.

Otros Posibilidad de llevar a su mascota. Senda costera y proximidad a Puerto de Vega y la playa de Frejulfe. Arquitectura popular y casas de indianos en Tox.

Servicios Aparcamiento.

Actividad óptima Pesca submarina y pesca recreativa.

Recomendaciones Tomar muchas precauciones en día de marejadas.

En la curva a la izquierda previa al inicio de la pista de tierra se divisa una pequeña capilla, con aparcamiento más amplio y cómodo.

Playa de El Picón

Datos generales Latitud: 43.56612
Longitud: -6.65617

Pequeña cala situada en la localidad de Santa Marina. De forma rectilínea, presenta una longitud de 25 m y una anchura media de 12 m. El entorno es rural y su peligrosidad es baja. Los accesos son fáciles y rodados, inferiores a 0,5 km. Sus arenas son oscuras y de grano grueso. Sus grados de ocupación y urbanización son bajos.

Cómo llegar sin GPS Tomando la salida 474 de la A-8 en dirección a Puerto de Vega alcanzaremos la NV-7 y posteriormente la NV-2, ambas en dirección Navia y la playa de Frejulfe. A la salida del pueblo de Soirana tomaremos el camino asfaltado en dirección a los alojamientos de turismo rural de esta última localidad. El asfalto se transforma en pista de tierra durante los últimos 200 metros, con escasa zona de aparcamiento en un apartadero al final de esta.

Otros Posibilidad de llevar a su mascota. Senda costera y proximidad a Puerto de Vega.

Servicios Aparcamiento.

Actividad óptima Pesca recreativa.

Recomendaciones Tanto la bajada como el pedrero son muy resbaladizos y se hace necesario extremar la precacución. Utilizar calzado para el baño, dadas las numerosas rocas. En la curva a la izquierda previa al inicio de la pista de tierra se divisa una pequeña capilla, con aparcamiento más amplio y cómodo.

Playas de Las Loseras y La Friera

Datos generales Latitud: 43.566244
Longitud: -6.653552

Las Loseras es una cala de tamaño medio situada en la localidad de Santa Marina. Su forma es sinuosa a lo largo de sus 200 m de longitud y su anchura media es de 3 m. El entorno es rural y su peligrosidad es media. Los accesos son fáciles y peatonales, inferiores a 0,5 km, sin arena. Los grados de ocupación y urbanización son bajos. En sus proximidades se encuentra la playa de La Friera, ya en Puerto de Vega con una longitud de 10 m y una anchura media de 3 m, compartiendo características.

Cómo llegar sin GPS Se denomina esta zona Las Loseras por la forma y presencia de este tipo de piedras en su lecho y alrededores. Está formada por cinco pequeñas calas principales y numerosos entrantes y salientes. Se accede siguiendo el mismo itinerario que para las cercanas playas de La Isla y El Picón (ver fichas anteriores), siguiendo a continuación, a pie, el sendero que bordea los acantilados.

Otros Posibilidad de llevar a su mascota. Senda costera y proximidad a Puerto de Vega.

Servicios Ninguno.

Actividad óptima Pesca recreativa.

Recomendaciones No se recomienda para el baño por sus malos accesos.

Playas de El Castillo, El Montecón y La Isla

Datos generales Latitud: 43.568638
Longitud: -6.64072

Son tres pequeñas calas pertenecientes a la localidad de Santa Marina, que se encuentran prácticamente una a continuación de la otra. Tienen una longitud de 7, 15 y 30 m, respectivamente, y sus anchuras no superan los 4 m. Sus entornos son rurales y su peligrosidad es alta. Sus fáciles accesos son rodados, inferiores a 0,5 km y carentes de arena. Sus grados de ocupación y urbanización son bajos.

Cómo llegar sin GPS Se trata de una cala de pequeña importancia y con idénticas características a las que se irán sucediendo paulatinamente hacia el este, en paralelo a la carretera que une Puerto de Vega con Vigo. En días con el mar agitado obtendremos desde aquí unas estupendas fotografías de la zona del faro, así como unas espléndidas vistas del puerto.

Otros Posibilidad de llevar a su mascota. Senda costera hasta Barayo y proximidad a Puerto de Vega. En Tox: palacio de Tox, casa-palacio de Fernández-Cueto (s. XVI y XVIII) y casas de indianos.

Servicios Aparcamiento de tierra.

Actividad óptima Pesca recreativa.

Recomendaciones Visitar Puerto de Vega y su Museo Etnográfico Juan Pérez Villamil.

Playas de Asteiro, Canares y El Pariso

Datos generales Latitud: 43.568048
Longitud: -6.632051

Asteiro, o La Chuzia, es un pedrero situado en la localidad de Vigo. Es el más conocido de las tres calas que conforman esta zona junto a Canares y El Pariso. También es el más amplio, con una forma triangular que se expande a lo largo de 20 m y una anchura media de 7 m. Se encuentran los tres en un entorno rural y su peligrosidad es media. Los accesos a su lecho de cantos ausente de arena son fáciles y peatonales, inferiores a 0,5 km. Los grados de ocupación y urbanización son bajos para todas.

Cómo llegar sin GPS Asteiro es una cala alargada en vertical y que luego se abre en forma de concha. La rodean amplios pastizales y, aunque no puede ser considerada una playa, los vecinos de los pueblos de Vigo y Santa Marina acuden a este enclave y la utilizan como tal. Las otras dos son utilizadas por eventuales pescadores. Los caminos desde la carretera principal no están señalizados, pero no tienen pérdida, pues el acceso parte del mismo centro de la pequeña localidad de Vigo. Se puede aparcar cerca de cualquiera de las tres calas, pero el acceso es a pie.

Otros Posibilidad de llevar a su mascota. Senda costera hasta Barayo y proximidad a Puerto de Vega. Arquitectura rural en Vigo.

Servicios Aparcamiento.

Actividad óptima Pesca submarina. Pesca recreativa.

Recomendaciones No se recomienda bajar a esta cala. Muy recomendable la arquitectura rural en Vigo.

Playas de Puerto Chico y La Romanela

Datos generales Latitud: 43.571437
Longitud: -6.626816

Puerto Chico es una cala de la localidad de Vigo y La Romanela
está situada a continuación. Tienen las dos forma de concha, una
longitud de 30 m y una anchura media de 7 m. Su entorno es rural y
la peligrosidad es alta. Sus fáciles accesos son peatonales, inferiores
a 0,5 km. Están compuestas de rocas, y sus grados de ocupación y
urbanización son bajos.

Cómo llegar sin GPS La primera es una cala abrigada por una ladera de roca que
desaparece completamente con las pleamares, mientras que la
segunda engloba el conjunto de entrantes y salientes que mueren
en las postrimerías de la playa de Barayo. La Romanela es una cala
diferente al resto, más amplia y con importantes diseminaciones de
grandes y llamativas rocas en su entorno. La siguen hacia el oriente
las conocidas Arrexane y La Tornil. Para llegar hasta aquí deberá
aminorar la marcha en la misma entrada de la localidad de Vigo
y desviarse a la derecha en la primera pista que encontraremos.
Esta girará a unos 800 m hacia el mar y nos conducirá hasta sus
inmediaciones.

Otros Posibilidad de llevar a su mascota. Vigo es un pequeño pueblo de
hermosa arquitectura rural.

Servicios Ninguno.

Actividad óptima Pesca submarina y pesca recreativa.

Recomendaciones Cuidado al efectuar el descenso a las calas.

Playas de Valdés

Todas sus playas están dentro del Paisaje Protegido de la Costa Occidental

47. Playa de Barayo
48. Playa de Sabugo
49. Playa de Otur
50. Playa de Turbeiriza
51. Playa de Taurán
52. Playa del Castiel
53. Playa de Salinas o 3ª de Luarca
54. Playas 1ª y 2ª de Luarca
55. Playa de Las Arreas
56. Playa del Enguilo
57. Playa de la Llosera
58. Playa de Portizuelo
59. Playa de La Escaladina
60. Playa de La Polea
61. Playa de Los Molinos de Barcia
62. Playa Picón
63. Playa de Cueva
64. Playas de Las Imeas y Los Cantones
65. Playa de La Herbosa
66. Playa de El Cuerno
67. Playa del Bozo o Bozu
68. Playa del Cabo
69. Playa de Serrón
70. Playa de Barchinas
71. Playa de Punxéu
72. Playa de Chouréu
73. Playa de Santa Ana
74. Playas de Cutín y Los Molinos
75. Playa de La Estaca
76. Playa de Quintana
77. Playa de Campiechos
78. Playa de Fontaniecha
79. Playa de Churín
80. Playa de Los Castros
81. Playa de Cadavedo
82. Playa de El Ribón
83. Playa de Tablizo

- La capital es Luarca. Valdés está formado por las parroquias de Alienes, Arcallana, Ayones, Barcia, Cadavedo, Canero, Carcedo, Castañeo, La Montaña, Luarca, Muñás, Otur, Paredes, Santiago y Trevías.
- Limita al norte con el mar Cantábrico; al sur, con Tineo; al este, con Salas y Cudillero, y al oeste, con Navia y Villallón.

Qué puedes visitar en el concejo:

- Cadavedo: área recreativa, mirador de la Regalina, iglesia de Cadavedo.
- Luarca: Aula del Mar y Museo del Calamar Gigante del Cepesma, cementerio de La Atalaya (considerado uno de los más bonitos de España), puerto y lonja de pescadores, mercado el último domingo de cada mes y mercadillo los miércoles.
- Faro cabo Busto, Luarca; faro Punta Atalaya.
- Paisaje Protegido de la Costa Occidental.
- Paisaje Protegido de la Cuenca del Esva, Monumento Natural Hoces del Esva.
- Querúas y Barcellina: casas de indianos.
- Reserva Natural Parcial de Barayo; esta playa es única en Asturias por la conjunción de dunas, marismas, acantilados y su gran riqueza faunística y botánica.
- Último domingo del mes de julio, en la braña de Aristébano, fiesta vaqueira, declarada de Interés Turístico Nacional.
- 15 de agosto, Luarca: Nuestra Señora del Rosario, Fiesta de Interés Turístico Nacional.
- Último domingo de agosto, Cadavedo. La Regalina, Fiesta de Interés Turístico Nacional.

Playa de Barayo

Datos generales Latitud: 43.561548
Longitud: -6.615143

Playa de poca asistencia, perteneciente a la localidad de Vigo. De forma rectilínea, se extiende a lo largo de 700 m y tiene una anchura media de 80 m. Su entorno es virgen y la peligrosidad es media. Sus fáciles accesos a las arenas finas y oscuras son peatonales, inferiores a 3 km. El grado de ocupación es medio y el de urbanización, bajo.

Cómo llegar sin GPS Son núcleos cercanos Vigo y Sabugo, desde donde encontraremos carteles indicativos en la N-634 tras las salidas 474 y 465 de la A-8, respectivamente. Un espectacular conjunto de estuario, dunas y marismas delimita mediante el cauce del río Barayo los concejos de Navia y Valdés. El acceso se encuentra perfectamente señalado desde ambas localidades, aunque es más recomendable la bajada desde Vigo por su escasa dificultad.

El río Barayo forma en su desembocadura un complejo estuario declarado Reserva Natural Parcial, en la que se constata la presencia de dunas, marismas, estuario, bosques, refugio de comunidades de anátidas, nutrias, ardillas y ostreros.

Otros Desembocadura fluvial y posibilidad de llevar a su mascota.

Servicios Ninguno.

Actividad óptima Surf playa de categoría 2. Naturismo y pesca recreativa.

Recomendaciones Este es sin duda uno de los parajes más bellos de nuestra costa; no olvide su cámara fotográfica.

Monstruos marinos 23 de julio 2004: marsopa de 1,49 metros.

Playa de Sabugo

Datos generales Latitud: 43.556075
Longitud: -6.603212

forma es de concha y ocupa una longitud de 250 m y una anchura media de 20 m. El entorno es rural y su peligrosidad es baja. Fácil acceso peatonal, inferior a 0,5 km. Las arenas son oscuras de grano medio, y sus grados de urbanización y ocupación son bajos.

Cómo llegar sin GPS Núcleos cercanos son Sabugo y Otur. El acceso a esta playa se efectúa por una pista en buen estado que muere en una zona de aparcamiento de tierra. Aquí deberemos dejar el coche para descender por un camino medio tupido por la vegetación. De la playa de Otur la separa un largo espigón natural. Al este se encuentra el acantilado de las Crucianas y al oeste, el acantilado de La Golgona, abrigando sendos pedreros donde nidifican variadas aves. Declarada Paisaje Protegido, es un entorno de gran belleza paisajística.

Otros Posibilidad de llevar a su mascota. Arenas secas permanentes.

Servicios Ninguno.

Actividad óptima Surf playa de categoría 1. Naturismo.

Recomendaciones Especialmente recomendada por su tranquilidad. Pesca recreativa.

Playa de Otur

Datos generales Latitud: 43.552343
Longitud: -6.597548

Se encuentra en la localidad de Otur. Presenta forma alargada con una longitud de 600 m y una anchura media de 80 m. Se encuentra en un entorno residencial y su peligrosidad es media. Sus fáciles accesos son rodados, inferiores a 0,5 km hasta su lecho de arena oscura de grano medio. Su grado de ocupación es medio y el de urbanización es bajo.

Cómo llegar sin GPS Núcleos cercanos son Otur y Canedo. Goza de la Categoría Especial por ser una playa de asistencia masiva durante toda la época estival y/o alto riesgo ante una situación de emergencia. El cómodo y bien indicado acceso, junto a su proximidad a Luarca, hace que sea muy frecuentada. Tomando la salida 465 de la A-8 nos incorporaremos a la N-634 en dirección a Otur, estando el acceso al arenal señalizado desde esta carretera. Dos arroyos limitan los extremos de esta amplia playa que tiene un campo de dunas muy degradado. En la zona occidental se encuentra un antiguo molino y en la oriental, la llamada cala del Cura, pequeño arenal de unos 30 m de extensión.

Otros *Camping* próximo y desembocadura fluvial. En su sector más oriental se encuentra el castro de El Castiecho de Caleya de Otur.

Servicios Equipo de vigilancia, duchas, servicio de limpieza de playa, aparcamiento y restaurantes.

Actividad óptima Pesca recreativa. Naturismo.

Recomendaciones Recomendada para toda la familia.

Playa de Turbeiriza

Datos generales Latitud: 43.553151
Longitud: -6.591196

Playa situada en la localidad de La Caleya. Esta pequeña ensenada tiene una longitud de 30 m y una anchura media de 5 y 12 m. Su entorno es rural y su peligrosidad es baja. Accesos peatonales a las arenas finas y oscuras, inferiores a 0,5 km. Sus grados de ocupación y urbanización son bajos.

Cómo llegar sin GPS Núcleos cercanos son Otur y Canedo. Encontraremos este pequeño arenal en la margen oriental de la playa de Otur. El acceso lo encontraremos cruzando el arroyo situado más al este en Otur y subiendo por un camino que se interna en el monte. Sin abandonarlo, pasaremos al lado de una finca donde suele haber caballos y, bajando por ella, llegaremos a esta localización. Existe otro acceso desde la población de La Caleya, aunque es más dificultoso.

Otros Posibilidad de llevar a su mascota. Atractivos paisajísticos y geológicos. Aguas cristalinas y una amplia cueva en su interior. En Otur: iglesia parroquial.

Servicios Ninguno.

Actividad óptima Pesca recreativa.

Recomendaciones Si se accede desde Otur, hay que prestar atención a la subida de la marea.

Playa de Taurán

Datos generales Latitud: 43.550259
Longitud: -6.557851

Playa ubicada en la localidad de San Martín. Esta concha de arenas oscuras y gruesas, tiene una longitud de 80 m y una anchura media de 50 m. Su entorno es rural y la peligrosidad es baja. Los accesos son peatonales, inferiores a 3 km, y sus grados de ocupación y urbanización son bajos.

Cómo llegar sin GPS Son núcleos cercanos San Martín y Albarde. Desde la salida 465 de la A-8 nos incorporaremos a la N-634 en dirección a Luarca, e inmediatamente en la segunda rotonda veremos la señalización hacia el Camping Playa de Taurán. A pesar de que la carretera nos lleva a este *camping,* es recomendable estacionar en la explanada habilitada en la última casa del pueblo. Unos 300 m antes encontraremos un camino de bajada que gira a la izquierda, o bien podemos seguir caminando hacia el *camping* y tomar el que lo circunda hacia el oeste. La bajada es larga pero no incómoda. En la margen izquierda veremos la desembocadura del arroyo la Olla.

Otros *Camping* próximo y desembocadura fluvial. Posibilidad de llevar a su mascota. Sus aguas presentan habitualmente una tranquilidad y limpieza fuera de lo habitual. Forma parte del Paisaje Protegido de la Costa Occidental.

Servicios Limpieza de playa.

Actividad óptima Inmersiones de buceo.

Recomendaciones Pesca submarina y pesca recreativa.

Playa del Castiel

Datos generales Latitud: 43.551783
Longitud: -6.542358

Playa muy pequeña que localizamos en la localidad de El Chano de Luarca. Pequeña ensenada con una longitud de 50 m y una anchura media de 20 m. El entorno es rural y su peligrosidad es baja. Los accesos son peatonales, inferiores a 0,5 km y sus grados de ocupación y urbanización son bajos.

Cómo llegar sin GPS Son núcleos cercanos Luarca y El Chano de Luarca. Se trata esta de una pequeña cala que se encuentra resguardada tras punta Muyeres y a la que se accede desde unas escaleras de hormigón situadas en el extremo oeste de la playa de Salinas. Una vez bajadas, hay que andar unos 50 metros por un resbaladizo camino prácticamente tupido por la vegetación y acceder a esta por un corto y peligroso sendero. Dadas estas características, resulta poco frecuente ver a alguien por sus alrededores.

Otros Posibilidad de llevar a su mascota. Cercanía a la villa de Luarca y al castro de El Castiecho de Caleya de Otur.

Servicios Ninguno.

Actividad óptima Pesca recreativa.

Recomendaciones Proveerse de un pantalón largo para atravesar el camino que la une a la playa de Salinas y evitar el pinchazo de los numerosos tojos.

Playa de Salinas o 3.ª de Luarca

Datos generales Latitud: : 43.548851
Longitud: -6.532595

Playa perteneciente a la localidad de Luarca. Tiene forma de concha y una longitud de 220 m, así como una anchura media de 80 m. El entorno es urbano y su peligrosidad es baja. Se accede a ella de forma peatonal, a través de la 2.ª de Luarca.
Su arena es fina y oscura, siendo su grado de ocupación alto y el de urbanización medio.

Cómo llegar sin GPS El acceso se encuentra desde la vecina playa 2.ª de Luarca (ver ficha posterior). De esta la separan unas pequeñas rocas y el recientemente remodelado acceso. El coche deberemos dejarlo en la playa anterior.

Otros Destacan sus aguas tranquilas y el peculiar encanto de las casetas que se retiran fuera de temporada de baños. Faro Punta Atalaya o Blanca. Luarca. Referencia: D-1646. Latitud: 43.548851 y longitud: -6.532595.

Servicios Equipo de vigilancia, duchas, servicio de limpieza y restaurantes próximos.

Actividad óptima Pesca recreativa.

Recomendaciones Visitar la villa marinera de Luarca, con sus múltiples encantos. Indispensable, una visita al Aula del Mar del Cepesma y sus calamares gigantes.

Playas 1.ª y 2.ª de Luarca

Datos generales   Latitud: 43.545842
Longitud: -6.536608

Categoría Especial-playa de asistencia masiva durante toda la época estival y/o alto riesgo ante una situación de emergencia. Ambas pertenecen a la localidad de Luarca. Con forma de concha, sus longitudes son de 450 m y una anchura media de 80 m. El entorno es residencial y la peligrosidad es baja. Los accesos a sus arenas finas y oscuras son rodados. El grado de ocupación es alto y el de urbanización, medio.

Cómo llegar sin GPS   Se accede a Luarca por medio de la N-634, desde las salidas 465 o 460 de la A-8. Ambas playas, a la entrada del puerto y donde desemboca el río Negro, se encuentran separadas únicamente por una pequeña sucesión de rocas. Tras el remodelado espigón situada al oeste, se encuentra la tercera de las playas, o de Salinas.

Otros   Desembocadura fluvial. Faro Punta Atalaya o Blanca. Luarca. Referencia: D-1646. Latitud: 43.548851 y longitud: -6.532595.

Servicios   Equipo de vigilancia, agua potable, duchas, aparcamiento, servicio de limpieza y restaurantes próximos. Disponibilidad de *anfibuggy,* o silla anfibia para personas con movilidad reducida desde mediados de junio hasta mediados de septiembre, en horario laboral y bajo cita previa.

Actividad óptima   Baño y pesca recreativa.

Monstruos marinos   18 de abril del 2008: rodaballo de más de 9 kg.

Playa de Las Arreas

Datos generales Latitud: 43.547926
Longitud: -6.531501

Playa situada en la localidad de Luarca. Su forma es de concha y presenta una longitud de 150 m y una anchura media de 35 m. Se encuentra situada en un entorno urbano y su peligrosidad es alta. Acceso regular peatonal, inferior a 0,5 km. Está compuesta de arenas oscuras de grano medio, y sus grados de ocupación y urbanización son bajos.

Cómo llegar sin GPS Núcleos cercanos son Villar y Luarca. La carretera desde la que se accede es la que nos lleva a la punta de la Atalaya; en este punto se encuentran el faro, el cementerio y la iglesia de Luarca. Justo enfrente, al abrigo de la punta Focicón, se hallan unas llamativas casas, colgadas al borde del mismo acantilado, que recuerdan a las conocidas Casas Colgadas de Cuenca. Bajo ellas y la presencia de aguas residuales, se encuentra la playa de Las Arreas.

Otros Desembocadura fluvial. Proximidad a la villa de Luarca y sus ofertas de ocio. Faro Punta Atalaya o Blanca. Luarca. Referencia: D-1646. Latitud: 43.548851 y longitud: -6.532595.

Servicios Ninguno.

Actividad óptima Pesca recreativa.

Recomendaciones Mala bajada, aunque no muy larga. La desembocadura fluvial se refiere a dos emisores de vertidos urbanos.

Playa del Enguilo

Datos generales Latitud: 43.549295
Longitud: -6.527038

Cala situada en la localidad de Villar. Su forma es de concha y tiene una longitud de 150 m y una anchura media de 15 m. Su entorno es residencial y la peligrosidad es alta. Accesos muy complicados a pie; los mejores, por vía marítima. Sus arenas son oscuras de grano grueso, y sus grados de ocupación y urbanización son bajos.

Cómo llegar sin GPS Núcleos cercanos son Villar y Luarca. El *camping* será nuestra referencia, ya que desde él orientaremos esta localización. Este se encuentra perfectamente indicado y deberemos aparcar nuestro vehículo en sus inmediaciones. Si proseguimos el camino que avanza en paralelo a la finca situada más a la izquierda, tras unos 800 m a través de los prados, podremos contemplarla.

Otros Proximidad a la villa de Luarca y sus ofertas de ocio.

Servicios Ninguno.

Actividad óptima Pesca recreativa.

Recomendaciones Precaución al aproximarse al acantilado.

Playa de la Llosera

Datos generales Latitud: 43.55001
Longitud: -6.523261

Playa que encontraremos la localidad de Villar. Es una cala rectilínea que posee una longitud de 190 m y una anchura media de 25 m. Su entorno es residencial y la peligrosidad es media. Los accesos son regulares y peatonales, desde el *camping* próximo, inferiores a 0,5 km. Sus arenas son oscuras, con el grano grueso y se ven combinadas con cantos y afloramientos rocosos. Sus grados de ocupación y urbanización son bajos.

Cómo llegar sin GPS Núcleos cercanos son Villar y Luarca. Esta cala, también conocida como La Xouxera o del Camping, se encuentra al abrigo de unos elevados acantilados. Su uso se limita a la presencia de esporádicos excursionistas del Camping Los Cantiles, bajo el que se extiende, así como a la de algún pescador que accede por su vertiente más occidental.

Otros Proximidad a la villa de Luarca y sus ofertas de ocio.

Servicios *Camping* próximo.

Actividad óptima Pesca submarina y pesca recreativa.

Recomendaciones Visitar la villa marinera de Luarca y disfrutar de sus ofertas de ocio.

Playa de Portizuelo

Datos generales Latitud: 43.547895
Longitud: -6.518197

Playa situada en la localidad de Villar. Presenta forma triangular con una longitud de 200 m y una anchura media de 15 m. Se encuentra situada en un entorno rural y la peligrosidad es alta, siendo sus accesos fáciles y rodados. Está compuesta de cantos rodados cuarcíticos. Su grado de ocupación es medio y el de urbanización es bajo.

Cómo llegar sin GPS Núcleos cercanos son Villar y Barcellina. Tomaremos la salida 460 de la A-8 para enlazar con la N-634 en dirección a Luarca, girando inmediatamente a la derecha en el primer desvío (sin señalizar). Un segundo desvío a la derecha 600 m más adelante (también carente de señalización) lleva a un tercer desvío, donde veremos ya el cartel en dirección a Portizuelo.
También es posible acceder a pie desde Luarca, tomando un sendero que parte de las inmediaciones de la piscina municipal.

Otros Desembocadura fluvial y posibilidad de llevar a su mascota. También conocida por sus singulares formas rocosas como Piedra el Óleo, antiguo lugar de encuentro de *las maruyas,* aldeanas que se bañaban vestidas.

Servicios Ninguno.

Actividad óptima Pesca submarina y pesca recreativa.

Recomendaciones Tomar precauciones por la estrechez de la carretera de acceso.

Playa de La Escaladina

Datos generales Latitud: 43.549575
Longitud: -6.50794

Playa ubicada en la localidad de Barcia. Su forma es de concha y dispone de una longitud de 200 m y una anchura media de 15 m. Su entorno es rural y su peligrosidad es alta. Los accesos son fáciles y peatonales, inferiores a 1 km. Su lecho se compone de cantos y numerosos afloramientos rocosos y sus grados de ocupación y urbanización son bajos.

Cómo llegar sin GPS Esta playa es conocida también como El Chao y se accede a ella desde la población de Barcia, tomando dirección hacia el apeadero del tren. Una vez en él, emprenderemos el estrecho camino que parte al norte, justo al inicio de la zona asfaltada. Tras unos 900 m llegaremos a esta bonita cala en la que se encuentra La Bañera, muy habitual para el baño infantil. Al oeste se extiende un pedrero accesible en bajamar, y al este, la zona conocida como El Carretón.

Otros Desembocadura fluvial y posibilidad de llevar a su mascota. En Barcellina: casas de indianos. En Barcia: iglesia parroquial de San Sebastián.

Servicios Ninguno.

Actividad óptima Pesca submarina y pesca recreativa.

Recomendaciones Cuidado durante el baño con las aristas de las rocas y en días de fuerte marejada, ya que el mar barre la zona.

Playa de La Polea

Datos generales Latitud: 43.549264
Longitud: -6.504679

Situada en la localidad de Barcia. De forma rectilínea, su longitud es de 250 m y su anchura media de 30 m. El entorno es rural y su peligrosidad es alta. Fáciles accesos rodados, inferiores a 0,5 km. Está compuesta de cantos y arenas oscuras y gruesas. Sus grados de ocupación y urbanización son bajos.

Cómo llegar sin GPS Nos desviamos de la general para tomar la recta de Barcia. En cuanto sobrepasemos el primer hotel que encontraremos en la carretera, giraremos a la derecha, hacia La Rampla. Dejaremos atrás la iglesia, y tras atravesar el pueblo y la iglesia, encontraremos una pista que sale hacia la izquierda y muere en un pastizal. Tras unos 200 m más adelante y tomando como referencia los únicos eucaliptos que dejaremos al este, llegaremos al acantilado que la protege. Más al oeste y avanzando sobre el borde de la costa, podemos alcanzar otra cala denominada La Entrada con idénticas características que La Polea.

Otros Valores paisajísticos y pesqueros. En Barcellina: casas de indianos. En Barcia: iglesia parroquial de San Sebastián.

Servicios Ninguno.

Actividad óptima Pesca submarina y pesca recreativa.

Recomendaciones Cuidado al aproximarse a los acantilado.

Playa de Los Molinos de Barcia

Datos generales Latitud: 43.548766
Longitud: -6.488585

Situada en la localidad de Barcia. Su forma rectilínea se extiende a lo largo de 250 m y una anchura media de 20 m. Su entorno es rural y la peligrosidad es media. Sus accesos son fáciles y peatonales, inferiores a 0,5 km. Está compuesta de cantos rodados pequeños y arena oscura y gruesa. Sus grados de ocupación y urbanización son bajos.

Cómo llegar sin GPS Son núcleos cercanos Barcia, Leiján y Caroyas. Se encuentra al abrigo de los vientos del oeste, merced a un imponente acantilado. Para llegar a ella saldremos de Caroyas por su extremo oeste y tomaremos la carretera que avanza hacia el mar durante 1,5 km y en la que se encuentra el remodelado acceso. Desde aquí y a pie, iniciaremos el descenso hasta la playa, por la acondicionada pista, durante otros mil metros aproximadamente. Existe otro acceso desde la parroquia de Leiján, que, aunque algo más largo, es también más vistoso.

Otros Desembocadura fluvial. A unos 200 m de la playa se encuentran unos antiguos molinos.

Servicios Ninguno.

Actividad óptima Pesca submarina y pesca recreativa.

Recomendaciones Cuidado con el barrido de las olas, dada la horizontalidad del lecho de la playa.

Playa de Picón

Datos generales Latitud: 43.552249
Longitud: -6.482792

Perteneciente a la localidad de Caroyas, esta concha se extiende a lo largo de 100 m y tiene una anchura media de 10 m. Su entorno es rural y la peligrosidad es media. Sus fáciles accesos son peatonales, inferiores a 0,5 km. Está compuesta de cantos y arenas tostadas de grano medio. El grado de ocupación y urbanización es bajo.

Cómo llegar sin GPS Son núcleos cercanos Caroyas y Cueva. Esta playa, conocida también como Huelga Negra, se encuentra al este de la de Los Molinos; se accede a ella a través del pedrero y en bajamar. Para visualizarla tomaremos una pista que parte desde el camino acondicionado hacia la playa de Los Molinos y lo seguiremos unos 200 m hacia el norte, hasta el mismo acantilado bajo el que se encuentra.

Otros Intereses paisajísticos y atractivos pesqueros. Proximidad a la espléndida playa de Cueva.

Servicios Ninguno.

Actividad óptima Pesca submarina; se recomienda entrar por el oeste de Cueva.

Recomendaciones Cuidado con el horario de mareas.

Playa de Cueva

Datos generales Latitud: 43.549917
Longitud: -6.47275

Playa de asistencia masiva durante el fin de semana, situada en la localidad de Cueva. Esta concha tiene una longitud de 550 m y una anchura media de 80 m. El entorno es residencial y la peligrosidad es media. Los accesos son rodados y fáciles, inferiores a 0,5 km. Está compuesta de cantos rodados acumulados en su zona trasera y arena tostada de grano medio el resto, siendo su grado de ocupación alto y el de urbanización, medio.

Cómo llegar sin GPS Son núcleos cercanos Cueva y Caroyas. La playa de Cueva, o de La Arena, se encuentra bajo la localidad del mismo nombre y la baña al este el río Canero o Esva. El acceso desde la carretera nacional, avanzando desde el este, se encuentra tras superar un elevado puente desde el cual podremos avistarla. La primera desviación a la derecha nos llevará hasta aquí.

Otros Desembocadura fluvial. Prácticamente desaparece durante las pleamares. Proximidad al cabo Busto y al Monumento Natural de las Hoces del Esva.

Servicios Equipo de vigilancia, duchas, servicios y aparcamiento.

Actividad óptima Surf playa de categoría 2.

Recomendaciones Acceso para automóviles muy estrecho, extremar la precaución. Prestar especial cuidado si se efectúan baños cerca de la desembocadura del río.

Monstruos marinos 21 de diciembre 2004: captura de un ejemplar de *Lagocephalus lagocephalus* de 60 cm a caña.

Playas de Las Imeas y Los Cantones

Datos generales Latitud: 43.554302
Longitud: -6.472578

Calas consecutivas situadas en la localidad de Busto. Ambas tienen forma de curva, una longitud de 25 m y una anchura media de 10 m. Su entorno es virgen y su peligrosidad es media. Presentan varios accesos peatonales fáciles, inferiores a 1 km. Su composición es mixta, con cantos y arenas gruesas y tostadas. Los grados de ocupación y urbanización de ambas son bajos.

Cómo llegar sin GPS El núcleo más cercano es Busto. Para encontrar estas calas nos saldremos de la general hacia Querúas y, llegando a las inmediaciones de la localidad de Busto, seguiremos de frente en la primera curva que encontraremos. Llegaremos así a una zona donde se encuentra una larga línea de árboles que separa los últimos prados de la pista de tierra. Tomaremos a pie la pista que avanza hacia el este de la playa de Cueva y encontraremos una pequeña cabaña en un prado. A unos metros en dirección oeste parte un camino descendente. Tomando la bifurcación hacia el norte, encontraremos los accesos a ambas calas. Si proseguimos por la ribera del Esva, llegaremos a la zona conocida como La Pocha.

Otros Desembocadura fluvial y posibilidad de llevar a su mascota.

Servicios Ninguno.

Actividad óptima Pesca recreativa.

Recomendaciones Protegerse las piernas con pantalones largos debido a la presencia de numerosos tojos, espinos y arbustos.

Playa de La Herbosa

Datos generales Latitud: 43.559434
Longitud: -6.473608

Playa perteneciente a la localidad de Busto. Su alargada forma se extiende hasta los 400 m y su anchura media es de 5 m. El acceso es inexistente por tierra y se encuentra en un entorno rural, siendo su peligrosidad media. Está compuesta en su mayor parte por piedras, siendo las arenas oscuras. Grados de ocupación y urbanización, bajos.

Cómo llegar sin GPS El núcleo más cercano es Busto. Una vez dentro de la localidad de Busto, inmediatamente antes del cartel informativo, tomaremos la carretera que se desvía a la izquierda. Tras unos 400 m llegaremos a una pista de tierra que se extiende otros 200 m y posteriormente a un frente de pinos alineados. Tras estos encontraremos una pequeña casita de madera y, tras la misma, el acantilado de unos 50 m que protege esta playa. Al oeste se encuentra la punta del Águila y la cierra por el este la punta del Cuerno.

Otros En las cercanías se encuentra un importante yacimiento arqueológico del Paleolítico inferior y la belleza del cabo Busto, con el faro en latitud: 43.569198 y longitud: -6.469659.

Servicios Ninguno.

Actividad óptima Pesca recreativa.

Recomendaciones Cuidado con el terreno si ha llovido, pues es muy resbaladizo.

Playa de El Cuerno

Datos generales   Latitud: 43.561611
Longitud: -6.47378

Cala que encontraremos en la localidad de Busto. Su forma es rectilínea, con una longitud de 80 m y una anchura media de 10 m. El entorno es virgen y la peligrosidad es alta. Sus accesos son peatonales y muy difíciles, inferiores a 1 km. Arenas gruesas y tostadas se mezclan con la piedra en esta zona, cuyos grados de ocupación y urbanización son bajos.

Cómo llegar sin GPS   El núcleo más cercano es Busto. Para llegar a visualizar esta playa, nos saldremos de la general hacia la localidad de Querúas y desde allí tomaremos la carretera hasta Busto; en la primera curva que encontraremos, seguiremos por la carretera que se interna al frente. Una larga fila de árboles separa la pista de tierra de los árboles y avanza hacia el norte. Si continuamos unos 50 m por esta pista, podremos observarla.

Otros   Se recomienda acceder por mar. Faro de cabo Busto.

Servicios   Ninguno.

Actividad óptima   Pesca recreativa.

Recomendaciones   Proteger las piernas con pantalones largos.

Playa del Bozo

Datos generales   Latitud: 43.563943
Longitud: -6.472621

Playa localizada en la localidad de Busto. Es rectilínea, alcanzando los 220 m de longitud y una anchura media de 35 m. Se encuentra situada en un entorno virgen y de peligrosidad media. Fáciles accesos peatonales, inferiores a 3 km, hasta el lecho de cantos y escasas arenas oscuras. Los grados de ocupación y urbanización son bajos.

Cómo llegar sin GPS   El núcleo más cercano es Busto. La playa de Bozo se encuentra muy próxima al cabo Busto, exactamente a 300 m por la carretera que se aleja hacia el oeste. Un camino de tierra semiescondido entre la vegetación nos lleva hasta ella, tras efectuar una larga y cómoda bajada al lecho de cuarzos y pizarras.

Otros   Desembocadura fluvial y posibilidad de llevar a su mascota. Faro del cabo Busto.

Servicios   Ninguno.

Actividad óptima   Pesca submarina y pesca recreativa.

Recomendaciones   No olvides tu equipo de buceo.

Playa del Cabo

Datos generales Latitud: 43.569105
Longitud: -6.471033

Situada en la localidad de Busto. Su forma es rectilínea, con una longitud de 220 m y una anchura media de 35 m. Se encuentra en un entorno virgen y de peligrosidad media. Los accesos son difíciles, ya que generalmente se accede a ella de forma marítima. Está compuesta de cantos y arena clara y gruesa. Los grados de ocupación y urbanización son bajos.

Cómo llegar sin GPS El núcleo más cercano es Busto. Esta localización se encuentra bajo la falda del acantilado sobre el que se emplaza el faro de Busto. No dispone de acceso, pero merece la pena acercarse a contemplarla, ya que las vistas son espectaculares.

Otros Faro del cabo Busto.

Servicios Ninguno.

Actividad óptima Pesca recreativa.

Recomendaciones Cuidado al aproximarse al borde de los acantilados.

Playa del Serrón

Datos generales	Latitud: 43.568576 Longitud: -6.463952
	Playa situada en la localidad de Busto. Es rectilínea a lo largo de 450 m y la anchura media es de 20 m. Se encuentra en un entorno virgen y de peligrosidad media. Los accesos, inferiores a 0,5 km, son difíciles y peatonales. El lecho está integrado completamente por cantos, y los grados de ocupación y urbanización son bajo.
Cómo llegar sin GPS	Se encuentra en el sector este del cabo de Busto, bajo el faro, y su nombre viene dado por un islote que se encuentra en su zona oriental y que la limita. El acceso es sumamente arriesgado y tan solo algunos intrépidos pescadores lo utilizan. Para contemplarla deberemos bordear el faro y continuar por un estrecho camino hasta una construcción muy derruida. Encontraremos esta playa en el siguiente acantilado.
Otros	Faro del cabo Busto.
Servicios	Ninguno.
Actividad óptima	Pesca recreativa.
Recomendaciones	Cuidado al aproximarse al borde de los acantilados.

Playa de Barchinas

Datos generales Latitud: 43.563632
Longitud: -6.458759

Esta playa se encuentra en la localidad de Canero. La longitud de esta rectilínea localización es de 310 m y su anchura media es de 20 m. Su entorno es virgen y de peligrosidad media; tan solo se puede visitar por mar. Los cantos y afloramientos rocosos que la componen, junto a sus características generales, hacen que sus grados de ocupación y urbanización sean bajos.

Cómo llegar sin GPS El núcleo más cercano es Busto. A Barchinas nos conduce una pista que arranca en el mismo cabo de Busto hacia el occidente. Tras unos 2 km, deberemos girar hacia la izquierda, ya que son varias las pistas que nos llevan a nuestro destino. Desde aquí podremos contemplarla, al abrigo de altos acantilados pizarrosos.

Otros Es frecuentada habitualmente por pescadores que efectúan el descenso por la zona más occidental a través de las praderías.

Servicios Ninguno.

Actividad óptima Pesca submarina y pesca recreativa.

Recomendaciones Cuidado al aproximarse al borde de los acantilados.

Playa de Punxéu

Datos generales Latitud: 43.56046
Longitud: -6.448374

Cala ubicada en la localidad de Querúas. Es de forma semicircular, a lo largo de 800 m, y tiene una anchura media de 15 m. Se encuentra en un entorno virgen cuya peligrosidad es media. Los accesos son peatonales difíciles, inferiores a 0,5 km. Presenta una composición mixta, en la que sus arenas son oscuras y gruesas. Los grados de ocupación y urbanización son bajos.

Cómo llegar sin GPS El núcleo más cercano es Busto. Esta es una de las calas más escondidas de esta zona y, por ello, si no queremos equivocarnos o no portamos GPS, deberemos preguntar en Querúas por Corbeiros, cala mucho más conocida. Tras llegar a esta, continuaremos el camino que avanza en la linde con el acantilado, durante unos 800 m, hasta llegar a una zona de arboleda; tras ella se esconde Punxéu. Al arenal se accede por el extremo oeste (su acceso más fácil), o bien por el centro de la cala, mediante unas peligrosas escaleras de madera que caen casi en vertical.

Otros También es conocida por Ferreiro, ya que se engloba dentro de la concha con este nombre.

Servicios Ninguno.

Actividad óptima Pesca recreativa.

Recomendaciones Bajada larga y muy peligrosa.

Playa de Chouréu

Datos generales Latitud: 43.558967
Longitud: -6.443524

Cala emplazada en la localidad de Querúas. Su longitud es de 660 m y su anchura media de 25 m a lo largo de su forma de concha. El entorno es rural y de peligrosidad media. Los accesos son peatonales y difíciles, inferiores a 0,5 km. Está compuesta mayoritariamente por piedra, y los grados de ocupación y urbanización son bajos.

Cómo llegar sin GPS Núcleos cercanos son Busto y Querúas. Pocas visitas ofrece este espacio situado entre la punta de la Osa y la punta Santana, ya que el acceso es casi vertical y a través de un sendero resbaladizo que termina en su último extremo en un descenso mediante una cuerda. Este acceso se puede encontrar en el mismo centro de su periferia, aunque desaconsejamos absolutamente utilizarlo. También podemos acceder a ella en bajamar, desde la vecina Punxéu, atravesando su zona de pedrero.

Otros Suelen utilizarla tan solo algunos pescadores.

Servicios Ninguno.

Actividad óptima Pesca recreativa. Chouréu y su vecina Corbeiros son una maravilla desde el punto de vista fotográfico.

Recomendaciones Bajada muy peligrosa.

Playa de Santa Ana

Datos generales Latitud: 43.556013
Longitud: -6.439233

Playa situada en la localidad de Querúas. Esta concha se extiende a lo largo de 150 m y su anchura media es de 40 m. Su entorno es rural y su peligrosidad es media. Sus fáciles accesos son peatonales, inferiores a 0,5 km. Su composición es mixta, con oscuras arenas de tamaño medio, mezcladas con material pizarroso. Sus grados de ocupación y urbanización son bajos.

Cómo llegar sin GPS A Santa Ana, rodeada de altos acantilados, se llega atravesando Querúas. Desde la única cabina telefónica de la zona, tomaremos el camino que sale por su izquierda. Un poco más adelante encontraremos una pista que rodea en amplio giro esta localidad; después tomaremos sucesivamente las dos primeras pistas que giran hacia la derecha. Deberemos abandonar el vehículo en un pequeño aparcamiento y a unos 20 metros de distancia encontraremos una bonita caída de agua y el acceso a la playa.

Otros Desembocadura fluvial y posibilidad de llevar a su mascota. Presencia de cormoranes moñudos.

Servicios Ninguno.

Actividad óptima Pesca submarina y pesca recreativa.

Recomendaciones Llévese todo el equipo de pesca.

Playas de Cutín y Los Molinos

Datos generales Latitud: 43.553773
Longitud: -6.432796

Cutín y Los Molinos, que la continúa, pertenecen a la localidad de Querúas. La primera presenta una longitud de 780 m y la segunda de 200 m, y ambas una anchura media de 25 m. Se encuentran situadas en un entorno rural y de peligrosidad media. Los accesos al lecho mixto son fáciles y peatonales, inferiores a 0,5 km, y sus gruesas arenas son oscuras y poco compactas. El grado de ocupación y urbanización, dada su ubicación, es bajo.

Cómo llegar sin GPS Núcleos cercanos son Querúas y San Cristóbal. En bajamar Cutín se une con la playa de Los Molinos, ambas arropadas por altos acantilados y separadas por una gran roca, dentro de la ensenada de la Arbosa. Se utiliza el mismo acceso que para llegar a la playa de La Estaca, pero tomando la única bifurcación que encontraremos hacia la izquierda hasta llegar a una zona repoblada de eucaliptos. Allí la pista comienza un descenso de unos 300 metros hasta llegar al punto donde confluyen tres arroyos que vierten sus aguas al lecho de cantos rodados. El último tramo se efectúa por un corto y resbaladizo terreno.

Otros Desembocadura fluvial y posibilidad de llevar a su mascota. Arrobamiento de grandes masas de ocle. Presencia de cormoranes moñudos.

Servicios Ninguno.

Actividad óptima Pesca submarina y pesca recreativa.

Recomendaciones Baño, pesca deportiva. Cuidado en la resbaladiza bajada.

Playa de La Estaca

Datos generales Latitud: 43.553587
Longitud: -6.420565

Esta playa en las proximidades de la localidad de San Cristóbal es rectilínea y tiene una longitud de 520 m y una anchura media de 35 m. El entorno es rural y la peligrosidad media. Los difíciles accesos son peatonales, inferiores a 0,5 km. Su composición es mixta y sus arenas de grano medio son de color oscuro. El grado de ocupación y urbanización es bajo.

Cómo llegar sin GPS Para llegar aquí, atravesaremos la localidad de San Cristóbal y nos dirigiremos perpendicularmente hacia el norte, para llegar a la pista que nos conduce a la playa de La Estaca. También conocida como Perceberos, por encontrarse su margen derecha al abrigo de la punta Perceberos. El acceso es complicadísimo, ya que el camino cae verticalmente a lo largo de unos 80 m de desnivel.

Otros Desembocadura fluvial.

Servicios Ninguno.

Actividad óptima Pesca recreativa.

Recomendaciones Pesca deportiva, fotografía, recogida de ocle.

Playa de Quintana

Datos generales Latitud: 43.555764
Longitud: -6.404686

Hermosa playa ubicada en la localidad de Quintana. Son núcleos cercanos Quintana, San Cristóbal y Villademoros. Es de forma rectilínea a lo largo de sus 900 m y presenta una anchura media de 30 m. El entorno es virgen, con altos acantilados y su peligrosidad es alta. Sus fáciles accesos son peatonales, inferiores a 0,5 km. La composición de su lecho es mixta, con presencia de arenas oscuras de grano medio. Los grados de ocupación y urbanización son bajos.

Cómo llegar sin GPS Núcleos cercanos son Quintana, San Cristóbal y Villademoros. Desde el mismo núcleo de Quintana y sin desviarse de la general, tomaremos todas las carreteras que avancen hacia el norte hasta llegar a una pista. Esta avanza unos 500 metros para dividirse más adelante; tomaremos la primera a la derecha. Un estrecho camino permite la bajada con el automóvil hasta un pequeño aparcamiento. Quintana es conocida también como Aguaderíu, que define el sector occidental, y el Plumineiru, que corresponde al oriental.

Otros Desembocadura fluvial. En grandes pleamares desaparece prácticamente bajo las aguas. Villademoros: torre medieval de vigilancia.

Servicios Ninguno.

Actividad óptima Pesca recreativa a caña.

Recomendaciones Playa que frecuentemente presenta numerosas corrientes, mucha precaución.

Monstruos marinos 2 de agosto del 2007: ballena de 14 metros de longitud.

Playa de Campiechos

Datos generales Latitud: 43.558376
Longitud: -6.393957

Situada en la localidad de Cadavedo, de forma rectilínea, se extiende a lo largo de 375 m y presenta una anchura media de 30 m. Su entorno es rural y su peligrosidad es alta. Los accesos son fáciles, peatonales e inferiores a 0,5 km. Su composición es mayoritariamente de cantos y sus escasas arenas son grises. Grados de ocupación y urbanización bajos para este espacio.

Cómo llegar sin GPS Núcleos cercanos son Villademoros y Cadavedo. Campiecho se encuentra situada frente a los islotes de las Llubares. El acceso discurre desde Cadavedo, avanzando por una estrecha carretera que muere en una cetárea. El acceso final se completa mediante una rampa sobre la que se encuentran varias casetas de pescadores y donde finaliza el acceso peatonal que avanza desde Villademoros.

Otros Desembocadura fluvial y posibilidad de llevar a su mascota. Torre medieval de vigilancia de Villademoros.

Servicios Aparcamiento.

Actividad óptima Pesca recreativa.

Recomendaciones Bañarse con calzado.

Playa de Fontaniecha

Datos generales Latitud: 43.556324
Longitud: -6.386061

Playa ubicada en la localidad de Cadavedo. Es rectilínea y tiene una longitud de 150 m; su anchura media es de 30 m. El entorno es rural y su peligrosidad es media. Fáciles accesos peatonales, inferiores a 0,5 km, para esta playa compuesta de cantos y escasa presencia de grises arenas. Los grados de ocupación y urbanización son bajos.

Cómo llegar sin GPS En Cadavedo tomaremos la primera carretera que parte a la izquierda, esta nos llevará hasta la iglesia. Por su derecha parte un camino que muere en una glorieta con una cruz de piedra; pasaremos tras ella y tomaremos el primer desvío a la derecha (esta carretera rodea Cadavedo por la costa). De la misma, parten varias pistas... La primera de ellas nos lleva al lado de una casa de color rojo, tras la cual se encuentra el acceso. La segunda nos llevará a la margen derecha de dicha playa, y la tercera, tras dejar atrás la depuradora, nos dará las mejores vistas de esta zona.

Otros Alto valor paisajístico y altos acantilados.

Servicios Ninguno.

Actividad óptima Pesca recreativa.

Recomendaciones La bajada es más peligrosa de lo que parece. Se trata de un complicado acceso que supera un acantilado en torno a 75 m de altura.

Playa de Churín

Datos generales	Latitud: 43.554396 Longitud: -6.375074

Playa emplazada en la localidad de Cadavedo. Su forma es rectilínea y su longitud alcanza los 550 m; su anchura media es de 25 m. La rodea un entorno rural y su peligrosidad es media. Los accesos son difíciles y peatonales, inferiores a 0,5 km. Su lecho es de cantos y tiene una pequeña presencia de arenas con grises tonos. Los grados de ocupación y urbanización son bajos.

Cómo llegar sin GPS El núcleo más cercano es Cadavedo. Tomando la salida 450 (desde el este) o 451 (desde el oeste) de la A-8 hacia Cadavedo, enlazaremos con la N-632 en dirección a esta localidad y seguiremos las indicaciones hacia la ermita de La Regalina, donde aparcaremos. Al oeste de la punta del Cuerno, sobre la que se emplaza la ermita, se halla la playa de Churín y sus complicadísimos accesos, formados por pendientes senderos que se intuyen en la falda del acantilado. Comparte acceso con la playa de Los Castros.

Otros Cadavedo: mirador de La Regalina, iglesia de Cadavedo y fiesta de La Regalina (Fiesta de Interés Turístico Regional). Hermosas vistas desde su acceso.

Servicios Ninguno.

Actividad óptima Pesca recreativa.

Recomendaciones Bajada muy peligrosa.

Playa de Los Castros

Datos generales	Latitud: 43.555515
	Longitud: -6.370268

Cala perteneciente a la localidad de Cadavedo. Presenta forma semicircular y una longitud de 200 m; su anchura media es de 20 m. Se encuentra situada en un entorno rural y su peligrosidad es media. Los accesos son peatonales y difíciles, inferiores a 0,5 km. El lecho está formado por gravas, y los grados de ocupación y urbanización son bajos.

Cómo llegar sin GPS El núcleo más cercano es Cadavedo. Comparte acceso con la situada más al oeste, Churín, siendo su continuación hacia el este. Esta playa comprende desde el lugar donde muere el camino de descenso, donde está ubicada la ermita de La Regalina, hasta el extremo norte del apéndice montañoso.

Otros Cadavedo: mirador de La Regalina, iglesia de Cadavedo y fiesta de La Regalina (Fiesta de Interés Turístico Regional). Hermosas vistas desde su acceso.

Servicios Ninguno.

Actividad óptima Pesca recreativa.

Recomendaciones Bajada muy peligrosa.

Monstruos marinos 2007, ballena rorcual de 14 metros de longitud.

Playa de Cadavedo

Datos generales Latitud: 43.551472
Longitud: -6.371727

Se encuentra en la localidad de Cadavedo. Esta concha tiene una longitud de 450 m y una anchura media de 50 m. Este entorno rural presenta una peligrosidad media y sus accesos son fáciles y rodados, inferiores a 0,5 km. Su composición es mixta y sus arenas claras y de grano medio. El grado de ocupación es alto y el de urbanización es bajo.

Cómo llegar sin GPS El núcleo más cercano es Cadavedo. Altos acantilados abrigan este espacio también conocida como La Ribeirona, que cuenta con numerosos servicios. El bien señalizado acceso se efectúa desde la localidad de Cadavedo. Existe otro acceso por carretera que se une más adelante a este viniendo desde Ribón, justo antes del primer bloque rural de casas.

Otros Desembocadura fluvial y *camping* próximo. En pleamar el arenal se ve completamente inundado.

Servicios Equipo de vigilancia, duchas, área de pícnic, servicio de limpieza de playa, aparcamiento y restaurantes.

Actividad óptima Pesca recreativa.

Recomendaciones Playa para toda la familia.

Playa de Ribón

Datos generales Latitud: 43.551285
Longitud: -6.36692

Playa sita en la localidad de Ribón. Esta concha dispone de una longitud de 150 m y una anchura media de 25 m. El entorno es rural y la peligrosidad es media. El acceso a este lecho mixto es fácil, inferior a 0,5 km. Las arenas que la circundan son de color tostado y grano medio. Sus grados de ocupación y urbanización son bajos.

Cómo llegar sin GPS El núcleo más cercano es Ribón. Esta pequeña cala, conocida también como de Los Cuervos, se encuentra al este de la playa de Cadavedo y tras la punta de El Cuerno, y presenta un acceso complicado desde la localidad de Ribón. En su zona central desemboca un pequeño riachuelo y a la izquierda presenta un único islote.

Otros Desembocadura fluvial. Proximidad a Cadavedo. Atractivos paisajísticos, bosque espléndido (llevar pantalón largo).

Servicios Ninguno.

Actividad óptima Pesca recreativa.

Recomendaciones Proveerse de pantalón largo para disfrutar de su espléndido bosque.

Playa de Tablizo

Datos generales Latitud: 43.550725
Longitud: -6.357393

Es rectilínea, con una longitud de 700 m y una anchura media de 15 m. El entorno es virgen y su peligrosidad es media. Los accesos son fáciles y peatonales, inferiores a 3 km. El lecho es mixto, con tostadas arenas feldespáticas de grano medio y pizarras. Sus grados de ocupación y urbanización son medios.

Cómo llegar sin GPS El núcleo más cercano es Tablizo. Esta playa se encuentra muy próxima al cabo Busto. Un camino de tierra nos conduce a esta playa, rodeada de elevados acantilados, desde la parte más occidental de la localidad de Tablizo. Para ello, después de haber dejado atrás la vista de las vías del ferrocarril y a unos 200 m del cartel indicador de esta localidad, avanzaremos hasta alcanzar una pista de unos 900 m de longitud que en su último tramo inunda un caudaloso arroyo (lugar donde muere el acceso que baja desde Ribón). Este último se encuentra en la entrada este de Ribón, cruzando el único puente visible desde la general, sobre las vías, y avanzando tras un cercado para tomar el camino a través del monte.

Otros Desembocadura fluvial. En su vertiente occidental se encuentra un pedrero que se extiende en torno a 200 m, accesible tan solo en bajamar. Alto valor paisajístico y faunístico (ejemplares de cormorán moñudo).

Servicios Ninguno.

Actividad óptima Pesca submarina y pesca recreativa.

Recomendaciones Zona con barro permanente junto a los arroyos, cuidado con los resbalones.

Playas de Cudillero

Todas sus playas están dentro del Paisaje Protegido de la Costa Occidental

- La capital es Cudillero. El concejo está formado por las parroquias de Ballota, Cudillero, Faedo, Luiña, Novellana, Oviñana, Piñera, San Juan de Piñera y Soto de Luiña.
- Limita al norte con el mar Cantábrico; al sur, con Pravia, Salas y Valdés; al este, con Muros de Nalón y Pravia, y al oeste, con Valdés.

Qué puedes visitar en el concejo:

- Cudillero: ayuntamiento (s. XIX), iglesia de San Pedro (s. XVI); conjunto palaciego de los Selgas (s. VIII-XVI), que guarda una colección de arte integrada por obras de El Greco, Tiziano y Goya; iglesia panteón de Jesús Nazareno (en su cripta se guarda el altar de la iglesia prerrománica de Santianes, construida por el rey Silo); Aula de los Pixuetos y la Mar; capilla del Humilladero (s. XIII); iglesia de San Pedro de estilo gótico (s. XVI); pregón de L'Amuravela (Fiesta de Interés Turístico Nacional); mercadillo los viernes y el último domingo de cada mes.
- Faro de punta Rebollera, Cudillero (latitud: 43.565361 y longitud: -6.144699).
- Faro de cabo Vidío (latitud: 43.592988 y longitud: -6.243056).
- Lamuño: área recreativa de Valsera y ermita de Nuestra Señora del Rosario (La China), imagen tallada en marfil del colmillo de un elefante.

84. Playa de Ballota
85. Playa de Las Cabrilleras
86. Playa de El Destillo
87. Playa de Sienra
88. Playa de Feduriento
89. Playa de Ribera L'Ouca
90. Playa de Pumarín
91. Playa de La Gueirúa
92. Playas de Calabón y El Castro
93. Playa de La Ribera del Molín
94. Playa del Silencio
95. Playas de El Riego y La Barquera
96. Playa de L'Airín
97. Playa de Salencia
98. Playa de Albuerne
99. Playas de Los Campizales y El Carreiro
100. Playa de La Vallina
101. Playa de La Cueva
102. Playa de Peña Doria
103. Playa de Gradas
104. Playa de Mariayu
105. Playa de San Cidiello
106. Playas de Portiella y Puertochico
107. Playa de El Castrillón
108. Playa de San Pedro de La Ribera
109. Playas de Oleiros y Los Botes
110. Playas de El Rebeón y de Castro
111. Playa de La Concha de Artedo
112. Playas de El Pomar, Cerrón y La Olla
113. Playa de Las Rubias
114. Playa de La Corbera
115. Playa de La Conchiquina

Playa de Ballota

Datos generales	Latitud: 43.553836 Longitud: -6.344476

Situada en la localidad de Ballota, su forma es rectilínea y alcanza una longitud de 750 m y una anchura media de 20 m. El entorno es virgen y la peligrosidad es alta. El acceso es fácil y mixto, a través de una pista inferior a 3 km. Está compuesta de cantos y arena tostada de grano medio. El grado de ocupación es alto y el de urbanización es bajo.

Cómo llegar sin GPS Núcleos cercanos son Ballota y Tablizo. Denominada también Ricabo, nombre que toma pues es el río Cabo el que desemboca en su margen oeste, ejerciendo de límite entre el concejo de Valdés y el de Cudillero. Una vez nos hayamos desviado en la general hacia la localidad de Ballota, entrando por el oeste, encontraremos una ancha pista que nos llevará hasta la playa. Existe otro acceso algo más escondido, a unos 50 m a la izquierda de este, a través de unas cómodas escaleras.

Otros Desembocadura fluvial. En bajamar se ve unida con las calas de La Huelga, La Ribeirina y La Freitona, alcanzando una longitud total de 1800 m. En Ballota: ermita de San Roque e iglesia de Santa María (s. XVIII) con obras de Dionisio Fierro.

Servicios Ninguno.

Actividad óptima Pesca submarina y pesca recreativa.

Recomendaciones Cuidado con las fuertes corrientes y su frecuente oleaje.

Playa de Las Cabrilleras

Datos generales Latitud: 43.557848
Longitud: -6.336236

Esta playa se encuentra en Ballota. Se trata de una concha de 300 m de longitud, con una anchura media de 25 m, situada en un entorno rural y de peligrosidad baja. Los accesos son peatonales y difíciles, inferiores a 0,5 km. Está compuesta de forma mixta por arenas blanquecinas de grano medio. El grado de ocupación es bajo y el de urbanización es medio.

Cómo llegar sin GPS A esta playa la envuelven acantilados próximos a los 100 m de altura. Si carecemos de GPS, deberemos preguntar en el centro de Ballota para poder llegar mediante un corto camino a través de las praderías. El acceso es el mismo que para las vecinas playas de El Destillo y las Cabrilleras.

Otros Posibilidad de llevar a su mascota. Ballota: ermita de San Roque e iglesia de Santa María (s. XVIII) con obras de Dionisio Fierro.

Servicios Ninguno.

Actividad óptima Pesca recreativa.

Recomendaciones Precaución con los acantilados.

Playa de El Destillo

Datos generales	Latitud: 43.559465
	Longitud: -6.33276

Playa ubicada en la localidad de Ballota. Es otra concha que tiene una longitud de 250 m y una anchura media de 18 m. Se encuentra situada en un entorno rural y su peligrosidad es media. Sus accesos son difíciles y peatonales, inferiores a 0,5 km. El lecho está formado por cantos y con una pequeña presencia de arena de tono claro y grano medio. Sus grados de ocupación y urbanización son bajos.

Cómo llegar sin GPS Se recomienda el acceso por mar dado el muy difícil, por no decir inexistente, acceso por tierra. Se recomienda aprovechar la bajamar, ya que es prácticamente imposible vencer la verticalidad de los acantilados. El acceso se encuentra en el centro de Ballota, junto a una fuente de colores, que nos llevará unos 100 m de recorrido.

Otros Desembocadura fluvial y riqueza pesquera en el pedrero. Ballota: ermita de San Roque e iglesia de Santa María (s. XVIII) con obras de Dionisio Fierro.

Servicios Ninguno.

Actividad óptima Pesca recreativa.

Recomendaciones Precaución en las proximidades de los acantilados.

Playa de Sienra

Datos generales Latitud: 43.560398
Longitud: -6.328983

Playa localizada en la localidad de Ballota. Tiene forma de concha con una longitud de 200 m y una anchura media de 17 m. El entorno es rural y su peligrosidad es media. Difíciles accesos peatonales, inferiores a 1 km. Cantos predominantes sobre las escasas arenas de tonos claros y grano medio. Su grado de ocupación es bajo y medio el de urbanización.

Cómo llegar sin GPS Para llegar a la cala de Sienra, se debe tomar el desvío más oriental en el núcleo de Ballota. Dejaremos atrás la iglesia y pasaremos por delante de una granja de vacas para avanzar otros 400 m. Dejaremos el vehículo aquí y emprenderemos el camino que avanza hacia el oeste. La playa se encuentra en el primer gran desnivel que nos encontraremos en la costa y que le sirve de abrigo, cobijada por acantilados de unos 80 m de altura. Un camino rodea la última de las parcelas sobre la que nos encontramos y baja por un gran desnivel lleno de espinos, convirtiendo el descenso en muy que complicado.

Otros Desembocadura fluvial y riqueza pesquera en el pedrero. Ballota: ermita de San Roque e iglesia de Santa María (s. XVIII) con obras de Dionisio Fierro.

Servicios Ninguno.

Actividad óptima Pesca recreativa.

Recomendaciones Precaución con los acantilados.

Playa de Feduriento

Datos generales Latitud: 43.561673
Longitud: -6.32555

Situada en la localidad de Ballota. La concha tiene una longitud de 200 m y una anchura media de 20 m. Su entorno es rural y su peligrosidad es media. El acceso al lecho de cantos se efectúa por mar; las pocas arenas presentes son de color claro y grano medio. Su grado de ocupación es bajo y medio el de urbanización.

Cómo llegar sin GPS Agrestes acantilados de unos 300 m de largo y unos 80 m de altura la envuelven. Para llegar hasta ellos deberemos tomar el desvío más oriental de Ballota, al igual que la anterior playa, que nos conducirá hasta una granja de vacas. Desde allí podremos continuar con el coche unos 400 m más, aunque no se recomienda, dado el mal estado del terreno. Tomaremos ahora el sendero que avanza hacia el este durante otros 100 m y podremos ver la costa en la proximidad. Deberemos rodear la abundante vegetación que nos encontraremos al frente y avanzar en diagonal más hacia el este. A unos 70 m, deberemos extremar la precaución, ya que el suelo se termina bruscamente sobre la cala.

Otros Ballota: ermita de San Roque e iglesia de Santa María (s. XVIII) con obras de Dionisio Fierro.

Servicios Ninguno.

Actividad óptima Pesca recreativa.

Recomendaciones Precaución con los acantilados y desniveles del terreno.

Playa de Ribera l'Ouca

Datos generales Latitud: 43.561331
Longitud: -6.321173

Playa que encontraremos situada en la localidad de Santa Marina. Es una concha con una longitud de 130 m y una anchura media de 40 m. Se localiza en un entorno rural y su peligrosidad es media. Sus difíciles accesos peatonales son inferiores a 1 km. El lecho es de cantos con una porción mínima de arenas de tonos claros y grano medio. El grado de ocupación es bajo y el de urbanización es medio.

Cómo llegar sin GPS El núcleo rural más cercano y conocido es Ballota, aunque se accede desde la localidad de Santa Marina (ver ficha posterior). Se encuentra situada al occidente de la playa de Pumarín y separada de ella por la punta Borona. Se accede a ambas playas por el mismo camino, pero sin desviarnos al llegar al semiderruido castillete de El Castillo, que fue utilizado durante la Guerra Civil como puesto de vigilancia. Unos 150 m más adelante llegaremos al borde de un espigado acantilado y un poco más adelante encontraremos un pequeño túnel en la vegetación. A través de este y por un escarpado camino, se efectúa el complicado descenso.

Otros Su nombre lo recibe por la antigua explotación y extracción de ocle.
Servicios Ninguno.
Actividad óptima Pesca submarina y pesca recreativa.
Recomendaciones Mucha precaución si decidimos bajar a la playa.

Playa de Pumarín

Datos generales Latitud: 43.56301
Longitud: -6.317697

Playa situada en la localidad de Santa Marina. Su forma es irregular, a lo largo de 170 m, con una anchura media de 40 m. Su entorno es rural y la peligrosidad es media. Son fáciles sus accesos peatonales, inferiores a 1 km. Su composición es mixta y las arenas presentes son claras y de grano medio. Los grados de ocupación y urbanización son bajos.

Cómo llegar sin GPS Al oeste de esta se encuentra la punta la Borona, que la limita con la pequeña concha de Ribera l'Ouca. Tomando la salida 441 de la A-8 para enlazar con la N-632 en dirección a Santa Marina encontraremos en las inmediaciones de esta localidad un pequeño cartel que indica el camino a la playa de la Gueirúa. Sobrepasándolo dejaremos atrás y a nuestra derecha dos desvíos más, tomando finalmente el tercero. Aparcaremos a lo largo de este camino, pues finaliza en una edificación sin lugar de aparcamiento. El acceso a la playa se realiza unos metros antes, por un desvío a la izquierda posicionado entre una casa y su garage.

Otros Desembocadura fluvial y posibilidad de llevar a su mascota. En bajamar se puede acceder desde la vecina Gueirúa. Hermosos islotes de pequeño tamaño de cuarzo y pizarra, conocidos como El Cabrito y El Peñón.

Servicios Ninguno.

Actividad óptima Pesca submarina y pesca recreativa.

Recomendaciones Suelo muy resbaladizo si ha llovido.

Playa de La Gueirúa

Datos generales Latitud: 43.563321
Longitud: -6.311603

Playa situada en la localidad de Santa Marina. Su forma es irregular y tiene una longitud de 200 m, siendo su anchura media de 60 m. Se encuentra situada en un entorno rural y su peligrosidad es media. Sus fáciles accesos al lecho de cantos son peatonales, inferiores a 1 km. Los grados de ocupación y urbanización son bajos.

Cómo llegar sin GPS Núcleos cercanos son Castañeras y Santa Marina. Tomando la salida 441 de la A-8 para enlazar con la N-632 en dirección a Santa Marina, encontraremos en las inmediaciones de esta localidad un pequeño cartel que indica el camino a la playa, a la que se accede por unas cómodas escaleras.

Otros Desembocadura fluvial y posibilidad de llevar a su mascota. Islote de La Forcada.

Servicios Ninguno.

Actividad óptima Pesca submarina y pesca recreativa.

Recomendaciones Ponerse un calzado resistente.

Playas de Calabón y El Castro

Datos generales Latitud: 43.562855
Longitud: -6.30744

Calabón y El Castro están situadas en la localidad de Santa Marina. La primera tiene forma irregular con una longitud de 120 m y una anchura media de 50 m, en tanto que la forma de la segunda es de concha con 400 m de longitud y una anchura media 24 m. Sus entornos son vírgenes y su peligrosidad media. Difíciles accesos peatonales, inferiores a 3 km. Está compuesta de forma mixta por cantos y escasas arenas doradas de grano grueso. Los grados de ocupación y urbanización son bajos.

Cómo llegar sin GPS Núcleos cercanos son Castañeras y Santa Marina. Su acceso más cómodo parte de Santa Marina y es el mismo que se utiliza para la anterior playa. Se recomienda la utilización de este acceso para las tres calas próximas, pues existe otro desde el mismo Castañeras que resulta muy peligroso, ya que está en mal estado y su último tramo y más empinado se realiza con una cuerda.

Otros Desembocadura fluvial y posibilidad de llevar a su mascota. Existe una pequeña cala conocida como Caldeirina incrustada entre Calabón y El Castro. En bajamar se comunica con la anterior playa.

Servicios Ninguno.

Actividad óptima Pesca submarina y pesca recreativa.

Recomendaciones Proveerse de un calzado robusto.

Playa de La Ribera del Molín

Datos generales
Latitud: 43.564565
Longitud: -6.300316

Playa perteneciente a la localidad de Castañeras. Tiene forma de concha con una longitud de 200 m y una anchura media de 26 m. Situada en un entorno virgen de peligrosidad media. Los accesos son difíciles y peatonales, inferiores a 3 km. Su lecho mixto está compuesto por escasas arenas de color oscuro y grano grueso. Los grados de ocupación y urbanización son bajos.

Cómo llegar sin GPS Núcleos cercanos son Castañeras y Santa Marina. Es el mismo acceso que se utiliza para bajar a El Castro, aunque en lugar de alcanzar esta, se continúa otros 100 m para terminar en una empinada bajada cubierta por vegetación.

Otros En este lugar de tranquilidad y sosiego vierte sus aguas el pequeño arroyo del Cándano.

Servicios Ninguno.

Actividad óptima Pesca submarina.

Recomendaciones Proveerse de un calzado robusto.

Playa del Silencio

Datos generales Latitud: 43.566493
Longitud: -6.295123

En la localidad de Castañeras, hermosa concha de 400 m de longitud y una anchura media de 32 m que se encuentra en un entorno virgen, de peligrosidad media. Presenta fáciles accesos peatonales, inferiores a 1 km. Su composición es mixta, siendo sus arenas oscuras y de grano grueso. El grado de ocupación es medio y el de urbanización bajo.

Cómo llegar sin GPS Núcleos cercanos son Castañeras y Novellana. A la entrada occidental de la localidad de Castañeras, a la que llegaremos por la N-632a tras haber tomado la salida 441 de la A-8, se encuentra perfectamente indicado el acceso a esta hermosa playa. La carretera de algo más de 1 km nos llevará hasta las proximidades del acceso peatonal. Su nombre viene dado por la tranquilidad que transmite su contemplación, siendo este uno de los rincones más bellos de todo el occidente asturiano.

Otros Desembocadura fluvial. Novellana: iglesia parroquial de Santiago (s. XVIII).

Servicios Ninguno.

Actividad óptima Naturismo, pesca submarina e inmersiones de buceo.

Recomendaciones Acercarse a ver las dos calas siguientes hacia el este.

Playas de El Riego y La Barquera

Datos generales Latitud: 43.56954
Longitud: -6.294994

Playas pertenecientes a la localidad de Novellana. Forma irregular con una longitud de 25 m y una anchura media de 3 m para El Riego, y rectilínea con una longitud de 250 m y una anchura media de 20 m para La Barquera. Sus entornos son vírgenes y la peligrosidad, media. Sus fáciles accesos son peatonales, inferiores a 2 km. El lecho está compuesto de gravas en mayor medida y una mínima presencia de arenas oscuras de grano grueso. Los grados de ocupación y urbanización son bajos.

Cómo llegar sin GPS A ambas playas se accede generalmente por el largo camino que desciende desde Novellana. Otra forma de llegar hasta ellas sería visitar la playa de El Silencio y cruzar hacia el este por los prados el pequeño arroyo que le da el nombre a la primera. Se encuentran ubicadas entre la isla de Sama al oeste y punta Gayuelos al este.

Otros Desembocadura fluvial. Interés geológico, ornitológico y paisajístico. Aquí las rocas toman formas realmente llamativas. Novellana: iglesia parroquial de Santiago (s. XVIII).

Servicios Ninguno.

Actividad óptima Pesca recreativa y pesca submarina.

Recomendaciones No olvides tu cámara de fotos, y ¡cuidado al cruzar el arroyo!

Playa de L'Airín

Datos generales Latitud: 43.569509
Longitud: -6.28581

Hermosa playa sita en la localidad de Novellana. Tiene forma rectilínea, con una longitud de 650 m y una anchura media de 20 m. Su entorno es rural y su peligrosidad es media. Los accesos son fáciles y peatonales, inferiores a 1 km. Su lecho es mixto, con presencias de arena de tono claro y grano grueso. La ocupación y urbanización de esta playa son bajas.

Cómo llegar sin GPS El núcleo más cercano es Novellana. El islote de Fariñón separa esta hermosa playa de la de Salencia, situada a continuación y al este. Para llegar aquí tomaremos en el centro de Novellana la carretera que atraviesa la población perpendicularmente a la costa y, llegados a la única bifurcación posible, tomaremos la de la izquierda. Tras unos 300 m más, llegaremos hasta los prados que dominan el acantilado y deberemos abandonar el coche, justo de donde parte el camino de bajada. Este se convierte en un pequeño sendero en zigzag que nos llevará hasta la misma playa.

Otros Desembocadura fluvial y posibilidad de llevar a su mascota. Novellana: iglesia parroquial de Santiago (s. XVIII). El islote de Fariñón o El Castru; estupendas vistas desde su acceso.

Servicios Ninguno.

Actividad óptima Pesca submarina y pesca recreativa.

Recomendaciones Merece la pena visitarla en días de sol.

Playa de Salencia

Datos generales Latitud: 43.572494
Longitud: -6.278901

Playa situada en la localidad de Novellana. Es una concha con una longitud de 150 m y una anchura de 30 m, ubicada en un entorno rural de peligrosidad baja. Se accede fácil y peatonalmente por un camino inferior a 1 km del lecho mixto, cuyas arenas son claras y de grano grueso. Sus grados de ocupación y urbanización son bajos.

Cómo llegar sin GPS Núcleos cercanos son Novellana y Albuerne. Se utiliza el mismo acceso que para la anterior en primera instancia. La única diferencia reside en que deberemos tomar la bifurcación a la derecha y no salir de esta carretera durante unos 800 m. Llegaremos así hasta un pequeño mirador donde podremos contemplar L'Airín y El Fariñón. Si continuamos el descenso, llegaremos a las inmediaciones de la playa y la nueva depuradora, junto al pequeño arroyo de Yendebarcas.

Otros Desembocadura fluvial y posibilidad de llevar a su mascota. El islote de Fariñón.

Servicios Ninguno.

Actividad óptima Pesca submarina y pesca recreativa.

Recomendaciones No llevar el automóvil hasta abajo, pues nos encontraremos sin espacio al final del camino para él.

Playa de Albuerne

Datos generales Latitud: 43.573022
Longitud: -6.274867

Aislada playa de peligrosidad media en la localidad de Albuerne. Se trata de una concha que tiene una longitud de 50 m y una anchura media de 28 m, cuyo lecho mixto presenta arenas blanquecinas y finas. El acceso al lecho de piedras y arenas de grano fino es peatonal y fácil, inferior a 1 km. Los grados de ocupación y urbanización son bajos.

Cómo llegar sin GPS Se la conoce también como Gancéu, y se accede desde la localidad de Albuerne. Para ello, deberemos atravesar esta población perpendicularmente a la costa y al final desviarnos hacia la izquierda, donde llegaremos a una casa aislada. Desde allí se inicia un camino que nos llevará después de unos 800 m hasta el acantilado que la domina. Las mejores vistas de esta playa se consiguen desde el camino que desciende hacia la playa de Salencia, tras dejar atrás el mirador.

Otros Ninguno.

Servicios Ninguno.

Actividad óptima Pesca recreativa.

Recomendaciones Acantilados peligrosos. No se recomienda el descenso a esta playa.

Playas de Los Campizales y El Carreiro

Datos generales Latitud: 43.576722
Longitud: -6.269073

Los Campizales es un aislado pedrero situado en la localidad de Albuerne; tiene forma de concha, con una longitud de 450 m y una anchura media de 28 m. El Carreiro, inmediatamente a continuación, es una concha aislada con una longitud de 60 m y una anchura media de 28 m. El entorno es rural y la peligrosidad es alta. Sus fáciles accesos son peatonales, inferiores a 1 km. Su composición es mixta y sus arenas, finas y blanquecinas. Sus grados de ocupación y urbanización son bajos.

Cómo llegar sin GPS La playa Campizales, también conocida como de Los Negros, está flanqueada por la cala de El Carreiro. A estas playas se puede acceder desde Valdredo, así como desde Albuerne. Tanto para un caso como para el otro, se deben cruzar las áreas urbanas y tras llegar a las zonas de pradera, abandonar el coche y seguir el largo camino que lleva hasta la costa. Se trata de una playa ceñida a unos acantilados casi verticales, que superan los 60 m de altura. La playa de El Carreiro se encuentra separada de Los Campizales por una pequeña rampa de cemento, sobre la cual se cobijan pequeñas embarcaciones y la desembocadura de un riachuelo.

Otros Posibilidad de llevar a su mascota. Espectaculares, los bajos de Los Negros en días de marejada.

Servicios Ninguno.

Actividad óptima Pesca submarina y pesca recreativa.

Recomendaciones ¡Ojo a las condiciones cambiantes del mar si se entra a practicar la pesca submarina!

Playa de La Vallina

Datos generales Latitud: 43.578899
Longitud: -6.252766

Playa situada en la localidad de Valdredo. Su rectilíneo perfil se dibuja en sus 1300 m de longitud y en su anchura media de 15 m. Un entorno virgen circunda esta peligrosa localización. Por el contrario, sus accesos son peatonales y fáciles al lecho mixto, donde encontraremos arenas doradas de grano fino en algo menos de 3 km de paseo. Se encuentra situada en un entorno rural y su peligrosidad es baja. Sus grados de ocupación y urbanización son bajos.

Cómo llegar sin GPS Núcleos cercanos son Valdredo y Vidío. A esta playa, también conocida como El Gallo, solo se podrá acceder desde la vecina Peña Doria en bajamar (ya que los accesos por las laderas son muy peligrosos). El otro acceso se efectúa desde Los Campizales. La Vallina está limitada por la punta del Esquilón al oeste y la playa de Cueva al este.

Otros Desembocadura fluvial y posibilidad de llevar a su mascota.

Servicios Ninguno.

Actividad óptima Pesca recreativa.

Recomendaciones Por este paraje podría circular un todoterreno.

Playa de La Cueva

Datos generales Latitud: 43.5835
Longitud: -6.245813

Playa situada en la localidad de Oviñana. Esta es una concha que tiene 375 m de longitud y una anchura media de 32 m. El entorno es rural y su peligrosidad es media. Fáciles accesos peatonales, inferiores a 1 km a este lecho mixto con presencia de gruesas arenas tostadas. La ocupación y urbanización circundante son bajas.

Cómo llegar sin GPS Núcleos cercanos son Oviñana y Riego de Abajo. Para llegar aquí atravesaremos el núcleo urbano de Oviñana hasta alcanzar el faro de cabo Vidío. Se encuentra en la margen oeste de este y presenta un descenso largo y en zigzag. Esta playa es la prolongación de la siguiente, Peña Doria, y ambas se unen en bajamar.

Otros Desembocadura fluvial y posibilidad de llevar a su mascota. Oferta marisquera e iglesia parroquial de San Roque en Oviñana.

Servicios Ninguno.

Actividad óptima Pesca submarina y pesca recreativa.

Recomendaciones Tomarse con tranquilidad el largo descenso.

Playa de Peña Doria

Datos generales Latitud: 43.58838
Longitud: -6.242552

Esta playa se encuentra en la localidad de Oviñana. Tiene forma de concha, una longitud de 350 m y una anchura media de 17 m. El entorno es rural y su peligrosidad es media. Sus fáciles accesos son peatonales, inferiores a 1 km al lecho de arena dorado de grano medio. Sus grados de ocupación y urbanización son bajos.

Cómo llegar sin GPS Núcleos cercanos son Oviñana y Riego de Abajo. Misma forma de acceso que la anterior y posteriormente a través de otro camino de iguales características.

Otros Oferta marisquera e iglesia parroquial de San Roque en Oviñana.

Servicios Ninguno.

Actividad óptima Pesca submarina y pesca recreativa.

Recomendaciones Tomarse con tranquilidad el largo descenso.

Playa de Gradas

Datos generales Latitud: 43.592141
Longitud: -6.240749

Playa ubicada en la localidad de Oviñana. Esta concha presenta una longitud de 300 m y una anchura media de 17 m en un entorno rural, cuya peligrosidad es media. Se accede peatonalmente y de forma muy difícil a estas arenas oscuras de grano medio, mediante un camino inferior a 1 km. Sus grados de ocupación y urbanización son bajos.

Cómo llegar sin GPS Núcleos cercanos son Oviñana y Riego de Abajo. Para encontrar la playa de Gradas debemos cruzar el núcleo de Oviñana hasta llegar al faro de Vidío, desde el que se puede contemplar en su vertiente oriental. Si deseamos descender a ella, deberemos caminar unos 400 m en dirección este por las praderías repletas de tojos y luego bajar por la peligrosa vaguada que llega casi hasta su base. Los últimos metros son extremadamente complicados.

Otros Se observa aquí el drástico cambio entre la composición de las playas ubicadas a uno y otro lado del faro: arenas por pedregales y fáciles accesos frente a dificilísimas bajadas en caídas de hasta cien metros. En Oviñana: iglesia parroquial de San Roque.

Servicios Ninguno.

Actividad óptima Pesca recreativa.

Recomendaciones Bajada muy peligrosa.

Playa de Mariayu

Datos generales Latitud: 43.5904
Longitud: -6.235728

Playa situada en la localidad de Oviñana. Es una concha de de 170 m de longitud, con una anchura media de 15 m. El entorno es rural y su peligrosidad es media. Los accesos son difíciles y peatonales, inferiores a 1 km, con presencia de arenas oscuras de grano medio. Sus grados de ocupación y urbanización son bajos.

Cómo llegar sin GPS Núcleos cercanos son Oviñana y Riego de Abajo. Esta playa se encuentra completamente rodeada de acantilados. Se llega a ella caminando por la margen derecha del cabo Vidío en dirección este. Para identificarla tendremos en cuenta que presenta un único islote y es prácticamente inaccesible.

Otros Faro cabo Vidío. Latitud: 43.592988 y longitud: -6.243056.

Servicios Ninguno.

Actividad óptima Pesca submarina y pesca recreativa.

Recomendaciones Son recomendables botas y pantalones largos para evitar los punzantes matorrales. Mucha precaución a la hora de acercarse al borde de estos hermosos pero peligrosos acantilados.

Playa de San Cidiello

Datos generales Latitud: 43.587852
Longitud: -6.231394

Playa con forma de concha situada en Oviñana. Su longitud es de 450 m y su anchura media de 17 m. Se encuentra en un entorno rural y su peligrosidad es media. Los accesos de regular dificultad y peatonales, inferiores a 1 km. El lecho lo conforman numerosos cantos, pizarras y cuarcitas, y escasas arenas oscuras de grano medio. Sus grados de ocupación y urbanización son bajos.

Cómo llegar sin GPS Núcleos cercanos son Oviñana y Riego de Abajo. Pequeños islotes nos aguardan, entre los que destaca el denominado El Ballenato, tras la bajada casi permanentemente cubierta de vegetación, en la que muere un pequeño arroyo. Para acceder a ella, y tras rebasar la iglesia de Oviñana, tomaremos la desviación hacia el puerto Portiella. Justo entre dicha desviación y donde la carretera inicia la pronunciada bajada, tomaremos otra pequeña carretera que pasa entre los numerosos chalés, dirigiéndose hacia la torre eléctrica más próxima al mar, que veremos en el horizonte cercano. Tras ella se encuentra la pronunciada bajada al lecho de San Cidiello.

Otros Desembocadura fluvial. Faro cabo Vidío, latitud: 43.592988 y longitud: -6.243056.

Servicios Ninguno.

Actividad óptima Pesca submarina y pesca recreativa.

Recomendaciones Cuidado con la bajada, suele presentar condiciones muy resbaladizas.

Playas de Portiella y Puertochico

Datos generales Latitud: 43.586111
Longitud: -6.226201

Portiella es una playa situada en la localidad de Oviñana. Puertochico se encuentra al lado, separada por el espigón de roca natural, junto al cual vierte sus aguas la cetárea próxima. La primera es una semiconcha con una longitud de 60 m y una anchura media de 22 m, y la segunda una concha abrigada, con una longitud de 60 m y una anchura media de 40 m. Sus entornos son rurales y de peligrosidad media. El lecho mixto de Portiella presenta pequeños aportes de claras arenas de grano medio. Los grados de ocupación y urbanización son bajos para ambas.

Cómo llegar sin GPS En la misma Oviñana tomaremos la desviación hacia Portiella, indicada tras sobrepasar la iglesia de Oviñana. La carretera finaliza tras pasar por un bosque de eucaliptos, junto a una cetárea y la primera línea del mar, lugar donde se encuentra Portiella. A la vecina Puertochico se accede fácil y peatonalmente, a través de unas escaleras realizadas en la margen este de Portiella y desde ella podemos observar en parte la punta e islotes del Gavilán.

Otros Desembocadura fluvial y posibilidad de llevar a su mascota.

Servicios Ninguno.

Actividad óptima Pesca submarina y pesca recreativa.

Recomendaciones Frecuente lugar de carga y descarga de camiones de la cetárea; procurar dejar el coche donde no moleste.

Playa de El Castrillón

Datos generales Latitud: 43.582754
Longitud: -6.225557

Situada en la localidad de Oviñana, presenta forma de concha con una longitud de 300 m y una anchura media de 26 m. Se encuentra situada en un entorno rural y su peligrosidad es media. Sus fáciles accesos son rodados, inferiores a 0,5 km. Su lecho mixto está compuesto de gruesas arenas oscuras y cantos, siendo sus grados de ocupación y urbanización bajos.

Cómo llegar sin GPS Son núcleos cercanos Riego de Arriba y Oviñana. Esta playa, en la que se encuentra el pequeño puerto de Oviñana, se ubica al abrigo de las puntas de Gavilán al oeste y punta Garita por el este. Se utiliza el mismo acceso que para las dos anteriores, con la salvedad de que deberemos atravesar el túnel situado junto a la cetárea, de unos 100 m de longitud. El acceso a la playa se efectúa mediante unas escaleras de piedra situadas a la derecha del muro, por las cuales no es posible descender con la marea alta sin mojarse. A la izquierda se encuentra una cómoda rampa y una mínima cala compuesta de cantos rodados.

Otros Posibilidad de llevar a su mascota.

Servicios Ninguno.

Actividad óptima Inmersiones de buceo, pesca submarina y pesca recreativa.

Recomendaciones Rocas en el acceso muy resbaladizas, precaución. Asimismo, prestar atención a las pleamares para evitar quedar atrapados.

Playa de San Pedro de La Ribera

Datos generales Latitud: 43.578526
Longitud: -6.221523

Playa localizada en Soto de Luiña. Presenta forma de concha con una longitud de 450 m y una anchura media de 30 m. Se encuentra situada en un entorno residencial y su peligrosidad es baja. El acceso al lecho de finas arenas doradas es rodado e inferior a 0,5 km. Presenta numerosos cantos rodados en la mitad este, donde desemboca el Esqueiro. Su grado de ocupación es alto y el de urbanización es medio.

Cómo llegar sin GPS La playa de San Pedro de La Ribera está señalizada en la carretera CU-6, a la que se accede de manera inmediata desde la salida 434 de la A-8. En marea baja y desde ambas márgenes, se hallan cómodas zonas de pesca. Tras el área de pícnic, se encuentra el río Esqueiro (resultado de la confluencia del Llantero y el Panizal) que vierte sus cristalinas aguas. Bajo los edificios de servicios se localiza una necrópolis medieval.

Otros *Camping* próximo y desembocadura fluvial. Recinto castreño sobre la punta de La Garita y conjuntos arquitectónicos de Soto y San Martín de Luiña.

Servicios Equipo de vigilancia, duchas, servicios, amplias zonas verdes, servicio de limpieza, aparcamiento, *camping* y restaurantes.

Actividad óptima Surf playa de categoría 1. Pesca submarina en el pedrero de la derecha e inmersiones de buceo.

Recomendaciones Para toda la familia.

Playas de Oleiros y Los Botes

Datos generales Latitud: 43.572307
Longitud: -6.202769

Oleiros se encuentra en la localidad de Salamir. Tiene forma de ensenada, con una longitud de 700 m y una anchura media de 35 m. Presenta en su vertiente oriental el pedrero de Los Botes (700 m de longitud y 35 m de anchura media), accesible en bajamar. El acceso es rodado, a través de una pista de tierra en regulares condiciones y el entorno es rural, siendo su peligrosidad baja. Presenta numerosos cantos y gruesas arenas doradas. Sus grados de ocupación y urbanización son bajos.

Cómo llegar sin GPS Núcleos cercanos son Salamir y Lamuño. Desde la A-8 tomaremos la salida 434 para incorporarnos a la CU-6, siguiendo las señalizaciones hacia la playa de San Pedro de la Ribera, pero estacionando en el área recreativa de Monte Valsera. A ambas márgenes del área se abren sendas pistas forestales de 1 km de longitud que descienden hacia el arenal. También es posible avanzar con el vehículo por estas pistas hasta alguno de los apartaderos existentes.

Otros Desembocadura fluvial y posibilidad de llevar a su mascota. Ermita de Nuestra Señora del Rosario (La China), imagen tallada en marfil del colmillo de un elefante, en Lamuño.

Servicios Ninguno.

Actividad óptima Naturismo en su margen derecha, pesca submarina y pesca recreativa.

Recomendaciones El último tramo del acceso es escalonado y algo resbaladizo.

Playas de El Rebeón y de Castro

Datos generales Latitud: 43.580018
Longitud: -6.193242

El Rebeón es un pedrero ubicado en Lamuño. Su forma es de concha, con una longitud de 80 m y una anchura media de 15 m. A su derecha se encuentra la playa de Castro, con idénticas medidas y forma. Situados en un entorno rural y de peligrosidad alta, los accesos peatonales se encuentran entre la isla de El Rebeón y punta Austera, y son difíciles e inferiores a 1 km. Su lecho está compuesto de cantos, afloramientos rocosos y escasas arenas oscuras. Los grados de ocupación y urbanización son bajos.

Cómo llegar sin GPS Atravesaremos el pueblo de Lamuño en dirección norte hasta rebasar la última finca, donde termina el asfaltado. Una pista nos conducirá aquí hasta punta Austera, atalaya que domina El Rebeón y desde donde arranca el complicado y largo descenso que a los 50 m se bifurca. El camino de la derecha nos llevará hasta la isla de El Rebeón, pasando sobre la vecina playa de Castro. El de la izquierda nos lleva al bosque de eucaliptos, a través del cual y hacia el oeste podremos disfrutar de unas maravillosas vistas de las dos playas anteriores.

Otros Atractivos paisajísticos y posibilidad de realizar sendas sobre espectaculares acantilados. Proximidad al castro de La Cavona.

Servicios Aparcamiento mínimo en la salida norte de Lamuño, hacia el bosque y los acantilados.

Actividad óptima Pesca submarina y pesca recreativa.

Recomendaciones Cuidado con los tojos en el resbaladizo camino de bajada y en la proximidad de los acantilados.

Playa de La Concha de Artedo

Datos generales
Latitud: 43.562699
Longitud: -6.185861

Playa situada en la localidad de Soto de Luiña. Es una hermosa concha con una longitud de 760 m y una anchura media de 55 m que se encuentra en un entorno residencial y de peligrosidad baja. Sus accesos al lecho mixto son rodados e inferiores a 0,5 km. Es una playa horizontal, compuesta de finas arenas doradas y un lecho de cantos en su parte posterior. Su grado de ocupación es alto y el de urbanización, medio.

Cómo llegar sin GPS
Se encuentra muy cercana al pueblo de Lamuño y se accede a ella tomando la desviación perfectamente señalizada en la carretera N-634, tras coger la salida 434 de la A-8. La carretera nos llevará, tras unos 1500 m de recorrido, hasta la vera del río Uncín y a la propia playa. Destaca la tranquilidad de sus aguas. En la ensenada se encuentra un cultivo controlado de algas marinas comestibles del género Palmaria.

Otros
Desembocadura fluvial y *camping* próximo. En sus proximidades, camino de Cudillero por la costa, se encuentra el Monumento Natural de la Turbera de Las Dueñas.

Servicios
Servicio de vigilancia.

Actividad óptima
Inmersiones de buceo.

Recomendaciones
Desaparece en pleamar, si bien los trabajos de recuperación finalizados en 2009 permiten disfrutar de la belleza paisajística de la zona por medio de una pasarela de madera paralela a la costa y una senda circular que atraviesa el humedal (clasificado como Zona de Especial de Protección para las Aves).

Playas de El Pomar, Cerrón y La Olla

Datos generales Latitud: 43.566026
Longitud: -6.175776

Pedreros consecutivos situados en la localidad de El Rellayo. Su forma es de concha, con una longitud de 240 m y una anchura media de 15 m, situada en un entorno rural y de peligrosidad alta. Los accesos al lecho mixto, casi carente de arenas, son peatonales, difíciles e inferiores a 1 km. Sus grados de ocupación y urbanización son bajos.

Cómo llegar sin GPS Son núcleos cercanos Artedo y Lamuño. Se trata de tres calas anexas y contiguas que tan solo se diferencian a media marea. El acceso se efectúa entrando por la desviación desde la N-634 dirección Cudillero a Galicia, señalizado como La Concha de Artedo. Tras la primera curva se aprecia una pequeña pista que avanza hacia el norte, hacia una zona de densa arboleda. Al final de ella y tras dejar atrás algunas edificaciones, el camino muere en un frente de árboles y tojo, donde solo puede girar un coche para efectuar el regreso.

Otros Atractivos paisajísticos y sendas muy interesantes.

Servicios Ninguno.

Actividad óptima Pesca submarina y pesca recreativa.

Recomendaciones Mucha atención durante la complicada bajada. Presencia de estupendos espumeros.

Playa de Las Rubias

Datos generales
Latitud: 43.567208
Longitud: -6.165948

Cala situada en la localidad de Villademar. Es una extensa concha con una longitud de 500 m y una anchura media de 20 m. El entorno es virgen y su peligrosidad es media. Los accesos al lecho mixto, con presencia de arenas feldespáticas de grano medio, son difíciles, peatonales e inferiores a 1 km. Los grados de ocupación y urbanización son bajos.

Cómo llegar sin GPS
El núcleo más cercano es Villademar. Se encuentra al abrigo de altos acantilados y presenta un difícil acceso mediante la utilización de una cuerda en su último tramo. Para llegar hasta aquí es necesario desviarse en la recta que conduce por la entrada oeste a Cudillero y, frente a la localidad de Villademar, tomar un camino que parte en perpendicular hacia la izquierda. Pasaremos tras unos 150 m sobre las vías del tren hasta alcanzar los prados que dominan esta playa. Deberemos entonces girar al llegar al acantilado unos 50 m hacia el oeste para poder visualizarla. También se puede completar el acceso, durante una bajamar, por la vecina playa de La Corbera.

Otros
Villademar: capilla de Santa Ana en la cima de Montarés y torre de Villademar.

Servicios
Ninguno.

Actividad óptima
Pesca submarina y pesca recreativa.

Recomendaciones
No se recomienda descender a la cala.

Playa de La Corbera

Datos generales Latitud: 43.566928
Longitud: -6.160626

Concha ubicada en la localidad de Villademar. Presenta forma lineal con una longitud de 200 m y una anchura media de 20 m en un entorno virgen de peligrosidad media. La complejidad del acceso peatonal es regular, siendo su longitud inferior a 1 km. Está compuesta en su mayor parte de cantos y sus escasas arenas son grises y de grano medio. Los grados de ocupación y urbanización son bajos.

Cómo llegar sin GPS Núcleos cercanos son Villademar y Cudillero. La Corbera es accesible por mar o a pie, atravesando el pedrero Reguero de la Cerezal que parte del puerto de Cudillero, al que accederemos por la N-632 tras tomar la salida 425 o 431 de la A-8. Se puede observar en toda su extensión acercándonos hasta el mirador que está ubicado en la entrada oeste hacia el puerto de Cudillero (justo antes de que la carretera comience a descender).

Otros Faro punta Rebollera, latitud: 43.565361 y longitud: -6.144699. Disfrutar de la amplia oferta turística de la preciosa villa marinera de Cudillero.

Servicios Ninguno.

Actividad óptima Pesca submarina y pesca recreativa.

Recomendaciones Cuidado con la subida de la marea, se puede quedar atrapado.

Monstruos marinos 8 de febrero del 2007: lubina de 17,8 kg en aparejo de enmalle.

Playa de La Conchiquina

Datos generales Latitud: 43.558936
Longitud: -6.133804

Pedrero localizado en la localidad de Aroncés. Presenta forma de concha, con una longitud de 100 m y una anchura media de 20 m. El entorno es virgen y su peligrosidad es media. Sus accesos son peatonales e inferiores a 1 km. El lecho lo conforman numerosos afloramientos rocosos, cantos y una pequeña parte de arena gris de tamaño medio. Sus grados de ocupación y urbanización son bajos.

Cómo llegar sin GPS Núcleos cercanos son Villademar y Cudillero. Presenta dos accesos, el primero y más cómodo parte del último camino que nos encontramos en dirección a Aguilar tras salir del núcleo de Aroncés (antes de la primera curva de bajada hacia el mirador). Tras atravesar unos prados en dirección norte, así como un pequeño bosquecillo, llegaremos a un saliente que inicia una pronunciada bajada tomada por la maleza.
El segundo de los accesos, menos recomendable, se efectúa desde lo que se denomina La Atalaya. Para llegar a él debemos desviarnos a la derecha del palacio, tras entrar en Cudillero, y preguntar en el mismo pueblo.

Otros *Camping* próximo en El Pito. Disfrutar de la amplia oferta turística de la preciosa villa marinera de Cudillero.

Servicios Ninguno.

Actividad óptima Pesca recreativa.

Recomendaciones No es muy recomendable efectuar la bajada. El acceso se encuentra muy escondido por la vegetación habitualmente.

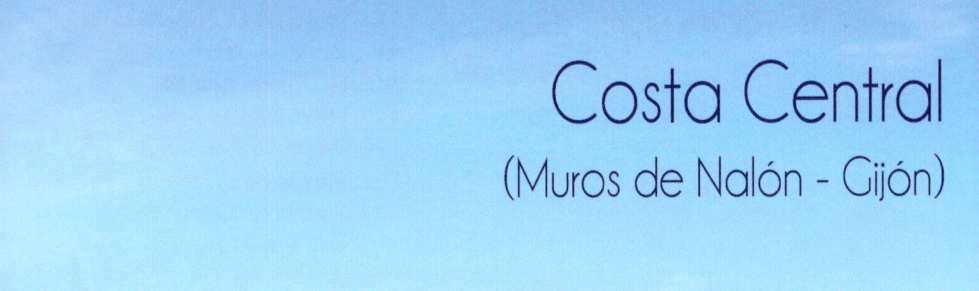

Costa Central
(Muros de Nalón - Gijón)

Playas de Muros de Nalón

- La capital es Muros de Nalón y, además de esta, la localidad más importante es San Esteban de Pravia. El concejo está formado por las parroquias de Muros de Nalón y San Esteban.
- Limita al norte con el mar Cantábrico; al este, con el concejo de Soto del Barco; al sur, con el concejo de Pravia, y al oeste, con el de Cudillero.

Qué puedes visitar en el concejo:

- Aguilar: área recreativa.
- Focarón: área recreativa.
- Las Llanas: área recreativa.
- Muros de Nalón: plaza del Marqués de Muros (s. xvi), casa de Los Fierros, iglesia con retablos barrocos, palacio de Valdecarzana (portada plateresca del s. xvi y su torre del s. xv), piscinas de agua salada, mercadillo los sábados.
- Pravia: área recreativa de La Peñona y mercadillo los jueves.
- San Esteban de Pravia: ermita en el mirador del Espíritu Santo, antiguo puerto carbonero, el Malecón (alberga piscinas de agua salada) e iluminación monumental del conjunto histórico industrial.
- Somao: área recreativa de Monteagudo y casonas de indianos.
- Senda costera, El Castillo-San Juan de la Arena-Bayas.
- Senda norte, San Esteban de Pravia-El Aguilar.

Playas de Campofrío y Aguilar

Datos generales Latitud: 43.555391
Longitud: -6.121531

Categoría Especial: asistencia masiva en época estival y/o alto riesgo ante emergencia. Playas contiguas con forma lineal, una longitud de 250 m y una anchura media de 23 m para Campofrío, y 500 m y 70 m para Aguilar. Situadas en un entorno rural, de peligrosidad baja, con fáciles accesos rodados e inferiores a 0,5 km. Están compuestas de arena fina y dorada, y separadas por afloramientos rocosos. El grado de ocupación es alto y el de urbanización, medio.

Cómo llegar sin GPS Tomando la salida 425 de la A-8 nos incorporaremos a la AS-317 desde Muros de Nalón, siguiendo las señalizaciones hasta la propia playa.

Otros Desembocadura fluvial y zona de estacionamiento de caravanas en Campofrío. Playas inundadas durante las pleamares. Oferta turística de Muros de Nalón.

Servicios Equipo de vigilancia, duchas, restaurantes, *camping* próximo, servicio de limpieza y aparcamiento. Disposición de *anfibuggy* para personas con movilidad reducida de mediados de junio a mediados de septiembre, en horario laboral y bajo cita previa.

Actividad óptima Surf playa de categoría 1, pesca submarina y naturismo en Campofrío.

Recomendaciones Cuidado con las rocas durante la pleamar, sobre todo si se está practicando surf.

Playa de Xilo

Datos generales Latitud: 43.554613
Longitud: -6.113505

Situada en la localidad de Castiello, tiene forma rectilínea, una longitud de 100 m y una anchura media de 24 m. Su entorno es rural y su peligrosidad es media. Los acondicionados accesos al lecho de finas arenas doradas son peatonales, fáciles e inferiores a 0,5 km. Los grados de ocupación y urbanización son medios.

Cómo llegar sin GPS Los núcleos más cercanos son El Castiello y Muros. La playa de Xilo, también conocida como Veneiro, se encuentra al este de Aguilar y su renovado acceso se efectúa a través de unas escaleras ubicadas en la base de un pequeño mirador. A este paraje se puede acceder también a través de la senda de Los Miradores, que nos llevará desde aquí hasta la playa de La Guardada, la última de las playas de este concejo hacia el oriente.

Otros En pleamar el acceso a sus aguas se efectúa a través de cantos rodados situados en su parte trasera. Proximidad al yacimiento arqueológico medieval de El Castiellu. Oferta turística de Muros de Nalón.

Servicios Aparcamiento y restaurantes.

Actividad óptima Pesca recreativa.

Recomendaciones En la margen derecha se esconde una mezcla de arenal y piedras que queda aislada en pleamar.

Playas de Xan-Xún y Las Llanas

Datos generales Latitud: 43.556666
Longitud: -6.109815

Pedrero y playa contiguos en Llodreda. Con forma prácticamente rectilínea, longitud de 100 m y una anchura media de 24 m para Xan-Xún, y una longitud de 400 m y una anchura de 30 m para Las Llanas. De entorno rural y peligrosidad baja. Los accesos son peatonales, inferiores a 1 km. Gran presencia de arenas finas y tostadas en Las Llanas. El grado de ocupación y urbanización es bajo para la primera, siendo medio y bajo para Las Llanas.

Cómo llegar sin GPS Xan-Xún, al oeste de Las Llanas, es una cala con acceso imposible en pleamar. Lo más adecuado para llegar a ambas es utilizar la entrada que baja de Las Llanas, a través de una escalinata que arranca tras el sendero peatonal. A Las Llanas se accede por la carretera que avanza desde Muros. Dados los numerosos cruces, lo mejor es preguntar por el Hotel Playa de Las Llanas. Desde allí hay unos 200 m hasta llegar al cruce que tomaremos a la derecha.

Otros De asistencia masiva durante el fin de semana. Oferta turística de Muros. Senda norte, San Esteban de Pravia a El Aguilar (Los Miradores).

Servicios Aparcamiento y área recreativa de Las Llanas, servicio de socorrismo.

Actividad óptima Naturismo y pesca submarina.

Recomendaciones Con la subida de la marea podrías quedarte aislado en Xan-Xún. Acceso resbaladizo si ha llovido en Las Llanas.

Playa de Los Botes

Datos generales Latitud: 43.559994
Longitud: -6.102304

Calas contiguas, cuyo acceso se encuentra en Llodreda. Tienen forma de concha, una longitud total de 250 m y una anchura media de 15 m. De entorno rural y peligrosidad baja, con accesos peatonales fáciles e inferiores a 0,5 km. El lecho mixto está compuesto de cantos y pequeña presencia de arenas grises de grano grueso. Los grados de ocupación y urbanización son bajos.

Cómo llegar sin GPS El acceso se efectúa partiendo de la desviación que encontraremos en la ruta de Los Miradores, por un estrecho camino que, aunque no está cerrado al tráfico, no es recomendable tomar con el vehículo, ya que no hay lugar para dar la vuelta. Llegados a un punto, el camino se bifurca; tomaremos el que está cerrado con una barra metálica y que, tras un descenso de unos 800 m, nos lleva hasta la casa que la domina. Por su margen derecha y desde la segunda cala, podemos ver los elevados acantilados que encierran las playas de Cazonera y L'Atalaya. Los Botes también es conocida como la playa de Las Chalanas.

Otros Suelen presentar fuerte oleaje. Se unen en bajamar a Las Llanas. Senda norte, San Esteban de Pravia-El Aguilar (Los Miradores).

Servicios Ninguno.

Actividad óptima Pesca submarina y pesca recreativa.

Recomendaciones En la situada más al este podríamos quedar atrapados durante la pleamar.

Playa de Cazonera

Datos generales Latitud: 43.558283
Longitud: -6.095223

Situada en la localidad de El Monte, su forma es de concha con una longitud de 350 m y una anchura media de 30 m. Se encuentra situada en un entorno rural y su peligrosidad es baja, siendo sus fáciles accesos peatonales e inferiores a 1 km. Su composición es mixta, con predominancia de cantos y escasa presencia de arenas gruesas y grises. El grado de ocupación y urbanización es bajo.

Cómo llegar sin GPS Los núcleos más cercanos son El Monte y San Esteban. Esta playa se encuentra en una gran ensenada que comparte con L'Atalaya y está separada de ella por unos islotes conocidos como El Paso. En lo alto del acantilado, junto al largo acceso, aún se conserva una polea para subir ocle. Podemos observar esta playa, sin efectuar el descenso, desde el mirador del Espíritu Santo, situado al lado de la ermita homónima.

Otros Senda norte, San Esteban de Pravia-El Aguilar (Los Miradores).
Servicios Ninguno.
Actividad óptima Pesca submarina y pesca recreativa.
Recomendaciones Gran acumulación de algas y palos tras días de mar agitada.

Playas de L'Atalaya y Focarón

Datos generales Latitud: 43.562575
Longitud: -6.088185

Pedreros situados en El Monte y San Esteban. Presentan ambas forma de concha con una longitud de 350 m y una anchura media de 30 m para L'Atalaya, y de 50 m y 18 m para Focarón. Sus entornos son vírgenes y su peligrosidad baja. Tiene un fácil acceso peatonal, inferior a 1 km, a un lecho mixto con escasas arenas gruesas y grises. Ambos grados de ocupación y urbanización son bajos.

Cómo llegar sin GPS Los núcleos más cercanos son El Monte y San Esteban. A ambas se puede acceder desde de la ruta de Los Miradores. En bajamar se ven unidas, a través de su margen este, con la playa de Garruncho mediante el pedrero que avanza desde el espigón de San Esteban de Pravia. Focarón se encuentra justo bajo el mirador de la ermita del Espíritu Santo y el camino que avanza por la ladera, desde este hasta la playa, no es nada recomendable. En la vertiente más occidental se encuentra otra pequeña cala insertada, que guarda las mismas características que estas y se identifica como Serrón.

Otros Área recreativa de Focarón. Senda Norte, San Esteban de Pravia a El Aguilar (Los Miradores).

Servicios Ninguno.

Actividad óptima Naturismo, pesca submarina y pesca recreativa.

Recomendaciones Cuando ha habido marejada se acumulan numerosas algas y palos. Ambos pedreros son muy resbaladizos, extremar la precaución.

Playas de Garruncho y La Guardada

Datos generales Latitud: 43.564254
Longitud: -6.082306

En la localidad de San Esteban, presentan forma de concha, con una longitud de 60 m y una anchura media de 20 m. Situadas en un entorno rural y de peligrosidad media, los accesos son peatonales e inferiores a 1 km para Garruncho, y rodados para La Guardada. En su lecho predominan los cantos y afloramientos rocosos con escasos aportes de fina arena gris. El grado de ocupación es bajo, y el de urbanización es medio para la segunda.

Cómo llegar sin GPS Se recomienda el acceso a Garruncho desde La Guardada y durante la bajamar. La Guardada se encuentra próxima al puerto de San Esteban de Pravia, al inicio del espigón. En las cercanías se encuentran las instalaciones de una piscina abastecida con agua de mar. En la ladera del monte que la domina se encuentra el camino que asciende hasta la ermita del Espíritu Santo, desde la que se ofrecen excelentes vistas de las playas anexas, y que es el inicio de la senda peatonal que nos llevará hasta la playa de Aguilar y Campofrío (ruta de Los Miradores).

Otros Atractivos turísticos de San Esteban de Pravia y casonas de indianos en Somao.

Servicios Ninguno.

Actividad óptima Pesca submarina y pesca recreativa.

Recomendaciones Cuidado con las cambiantes condiciones del mar si se practica la pesca submarina.

Playas de Soto del Barco |

- La capital es Soto del Barco. El concejo está formado por cuatro parroquias que son: Corrada, La Arena, Ranón, Riberas y Soto Del Barco.
- Limita al norte con el mar Cantábrico; con los concejos de Candamo y Pravia, al sur; con el de Castrillón, al este, y con los de Pravia y Muros de Nalón, al oeste.

Qué puedes visitar en el concejo:

- San Juan de la Arena: antiguos amarres de madera, castillo de San Martín (s. x), construcciones de indianos en Riberas, iglesia parroquial de Soto, palacio de Ferrera (s. xvi), palacio de la Magdalena (s. xvii), edificio Puerta del Mar (alberga el Centro de Interpretación de la Ría del Nalón) y mercadillo los viernes.
- Senda costera, El Castillo-San Juan de la Arena-Bayas.

Playa de Los Quebrantos

Datos generales Latitud: 43.564596
Longitud: -6.064582

De asistencia masiva y/o alto riesgo y servicio de socorrismo en San Juan de la Arena. En forma rectilínea con una longitud de 800 m y una anchura media de 100 m, en un entorno urbano de peligrosidad media, con fáciles accesos rodados, inferiores a 0,5 km. Está compuesta de arena gris oscura de grano medio. Su grado de ocupación es medio y el de urbanización es alto.

Cómo llegar sin GPS Gran arenal que en bajamar se une al playón de Bayas. Se accede desde Soto del Barco, saliendo en la glorieta hacia San Juan de La Arena. De oscuras arenas debido a los aportes del río Nalón, que desemboca en su margen occidental y hace de divisor con Muros de Nalón. Tras la playa se encuentran formaciones dunares muy degradadas. El mejor acceso se encuentra al final del paseo, donde unas escaleras la unen con el Playón de Bayas y nos ofrecen espectaculares vistas del entorno.

Otros *Camping* en sus proximidades y desembocadura fluvial. Rampas al mar.

Servicios Equipo de vigilancia, duchas, área de pícnic, accesos para personas con movilidad reducida, servicios de limpieza, aparcamiento y restaurantes. Disposición de *anfibuggy* de mediados de junio a mediados de septiembre, en horario laboral y bajo cita previa a través del ayuntamiento.

Actividad óptima Surf playa de categoría 2 y pesca recreativa.

Recomendaciones Evitar nadar cerca de la desembocadura del río Nalón.

Playas de Castrillón

124. Playas de Bayas y Requexinos
125. Playa de la Barca
126. Playa de Malabajada
127. Playa de El Reguero
128. Playa de Munielles
129. Playa de Bahínas
130. Playa de Santa María del Mar
131. Playa de Arnao
132. Playa de El Pedrero
133. Playa de El Dólar
134. Playa de El Cuerno
135. Playas de Salinas y San Juan

- La capital es Piedras Blancas, y la localidad más conocida es Salinas. El concejo de Castrillón está formado por las parroquias de Bayas, Laspra, Naveces, Pillarno, Quilo-ño, Salinas, Santa María del Mar y Santiago del Monte.
- Su superficie limita al norte con el mar Cantábrico; al sur, con los términos municipa-les de Illas y Candamo; al este, con Avilés y Corvera, y al oeste, con Soto del Barco.

Qué puedes visitar en el concejo:

- Arnao: La Casona, Centro de Interpretación del Devónico.
- Deva: área recreativa.
- Las Bárzanas: capilla del Cristo.
- Laspra: iglesia de San Martín de Laspra.
- Monumento Natural de la Playa de El Espartal.
- Monumento Natural la Isla La Deva y el Playón de Bayas.
- Naveces: capilla de San Adriano, iglesia de San Román.
- Piedras Blancas: mercadillo los miércoles.
- Pillarno: capilla de San Pedro (s. XVII), cueva de Arbedales, iglesia de San Cipriano y área recreativa.
- Quiloño: iglesia de San Miguel del siglo XVIII.
- Salinas: Museo de Anclas Philippe Cousteau y extenso paseo marítimo y área recrea-tiva de Pinos Altos.
- Senda costera, El Castillo-San Juan de la Arena-Bayas.
- Senda norte, de Bayas a Arnao.
- Senda norte, de Arnao a San Juan.

Playas de Bayas y Requexinos

Datos generales Latitud: 43.574733
Longitud: -6.042395
Categoría 2 - playa con servicio socorrismo.

Es la playa más extensa de Asturias y de asistencia masiva durante el fin de semana, situada en La Roza, Castrillón. La primera tiene forma lineal con una longitud de 2000 m y una anchura media de 110 m; y Requexinos, 250 m y 130 m. En un entorno rural de peligrosidad media, con fáciles accesos rodados, inferiores a 0,5 km. Arena oscura de grano medio, con ocupación media y urbanización baja.

Cómo llegar sin GPS Al oeste de Bayas, también conocida como El Sablón, encontraremos la playa de Los Quebrantos, y en su margen derecha, la concha de Requexinos (junto al cabo Vidrias). Se encuentra muy próxima al Aeropuerto de Ranón. El acceso se efectúa por la entrada hacia el aueropuerto (desde Naveces, 5 km). Tomaremos la desviación hacia Carcedo, carretera a Santa María del Mar. De la bajada hacia Bayas, a la derecha, parte la pista que conduce a Requexinos. Es posible acceder a pie desde el pueblo de Bayas.

Otros Desembocadura fluvial y posibilidad de llevar a su mascota. Área recreativa de El Pinar (Deva). Declarada Monumento Natural.

Servicios Equipo de vigilancia, duchas y aparcamiento (el de Requexinos es de tierra, en mal estado).

Actividad óptima Surf playa de categoría 3 y naturismo.

Recomendaciones Cuidado con el frecuente y fuerte oleaje y las corrientes marinas.

Playa de La Barca

Datos generales Latitud: 43.583624
Longitud: -6.033726

Playa situada en la localidad de Bayas. Su forma es de concha con una longitud de 200 m y una anchura media de 10 m. Se encuentra situada en un entorno rural y su peligrosidad es alta. Los accesos son peatonales y peligrosos, inferiores a 1 km. Está compuesta de cantos rodados, y sus grados de ocupación y urbanización son bajos.

Cómo llegar sin GPS Los núcleos más cercanos son el Cueto y La Roza. Partiendo de la localidad de Bayas, antes de llegar a la iglesia, y avanzando por la carretera que parte hacia el cementerio, alcanzaremos sin desviarnos al entronque con la senda costera. Continuándola a pie en dirección este, podremos ver a los pocos metros esta cala, cobijada bajo unos impresionantes acantilados verticales. Al frente encontraremos la espectacular isla de La Deva, y a la derecha, el sinuoso sendero que desciende peligrosamente por una pendiente con importantes desniveles.

Otros Senda norte, de Bayas a Arnao.

Servicios Ninguno.

Actividad óptima Pesca recreativa.

Recomendaciones Cuidado con las piedras sueltas durante el descenso.

Playa de Malabajada

Datos generales Latitud: 43.585147
Longitud: -6.026516

Playa con forma de concha, situada en la localidad de Bayas.
Tiene una longitud de 250 m y una anchura media de 2 m, en un
entorno rural de peligrosidad alta. Sus accesos son peatonales y
peligrosos, inferiores a 1 km. Está compuesta de arena clara de
grano medio. Sus grados de ocupación y urbanización son bajos.

Cómo llegar sin GPS Los núcleos más cercanos son el Cueto y Bayas. Su nombre lo
dice todo; se trata de un difícil acceso a través de un sinuoso y
estrecho sendero que salva más de 100 metros de desnivel
casi vertical. Se utiliza el mismo acceso que para la playa de La
Barca, aunque llegados a la senda litoral, tomaremos dirección
este, hasta llegar al Centro de Observación Ornitológico. Aquí se
ubicaban edificaciones para el transporte de piedra desde la
playa, de los que quedan algunos vestigios en el propio acantilado.
Enfrente se encuentra la imponente isla de La Deva.

Otros Zona de observación de aves, dentro del Monumento Natural la
Isla La Deva y el Playón de Bayas.

Servicios Aparcamiento.

Actividad óptima Inmersiones de buceo en la isla de La Deva desde Avilés y
hermosa zona para practicar la fotografía.

Recomendaciones Cuidado en el peligroso descenso a esta playa.

Playa de El Reguero

Datos generales Latitud: 43.582598
Longitud: -6.017675

Playa ubicada en la localidad de Bayas. Presenta forma de concha con una longitud de 350 m y una anchura media de 14 m. El entorno es rural y de peligrosidad media. Los accesos son peatonales, regulares e inferiores a 0,5 km. El lecho es mixto, con cantos y afloramientos rocosos y arenas oscuras de grano grueso. Sus grados de ocupación y urbanización son bajos.

Cómo llegar sin GPS Los núcleos más cercanos son el Cueto y Bayas. Se encuentra al este del cabo Vidrias y delimitada por la punta Socorro. Partiendo del núcleo de Bayas en dirección al cementerio, nos encontraremos con una carretera que se desvía a mano derecha, a unos 100 m, señalizada como carretera cortada. Bajaremos por ella con el automóvil y a lo largo de unos 2 km, hasta alcanzar el pequeño aparcamiento y el paso de la senda costera. Tras este paso, y aprovechando el cauce de El Regueru, se encuentra esta playa también conocida como El Cordial.

Otros Desembocadura fluvial y posibilidad de llevar a su mascota.

Servicios Ninguno.

Actividad óptima Pesca submarina en margen izquierda y pesca recreativa.

Recomendaciones Acceso muy resbaladizo, cuidado. Se recomienda realizar la senda costera en ambos sentidos.

Playa de Munielles

Datos generales   Latitud: 43.579551
Longitud: -6.012139

Esta es una playa de asistencia masiva durante el fin de semana, que se encuentra en la localidad de Bayas. Su forma es lineal, con una longitud de 250 m y una anchura media de 27 m, de entorno rural y peligrosidad media. Los fáciles accesos son rodados al lecho mixto con arenas finas y grises, e inferiores a 0,5 km. El grado de urbanización es bajo.

Cómo llegar sin GPS   El núcleo más cercano es Bayas. Playa al abrigo de la peña La Furada, en su vertiente oeste, a la que llegaremos tomando la señalización que indica 3 km a Piedras y 5 km a Carcedo.
Aquí se inicia el camino hacia las playas, junto a una caseta de transformación eléctrica. Continuaremos sin desviarnos hasta alcanzar la localidad de Bayas; tras atravesarla, se inicia una larga bajada que termina en el aparcamiento junto a un área recreativa.

Otros   Desembocadura fluvial. La cubren las aguas, prácticamente en su totalidad, durante las pleamares.

Servicios   Equipo de vigilancia, duchas, área de pícnic, servicio de limpieza.

Actividad óptima   Pesca recreativa.

Recomendaciones   Cuidado durante el baño en la zona derecha de la playa por la presencia de rocas dispersas.

Playa de Bahínas

Datos generales Latitud: 43.578277
Longitud: -6.00626

Se encuentra en la localidad de Linares. Esta es una playa lineal con una longitud de 210 m y una anchura media de 30 m. Su entorno es rural y su peligrosidad media. Los accesos al lecho mixto (cantos rodados en su parte posterior), con arenas tostadas de grano fino, son rodados, fáciles e inferiores a 0,5 km. Su grado de ocupación es masivo durante los fines de semana y el de urbanización es bajo.

Cómo llegar sin GPS Son núcleos cercanos Linares y Naveces. Se accede a esta playa de dos maneras. La primera es el acceso por carretera que bordeando la playa de Santa María, desde su zona oeste, presenta más adelante una desviación hacia la derecha que nos conducirá hasta Linares; desde aquí hasta el aparcamiento de la playa no hay más de 800 m. La segunda consiste en tomar la entrada desde la general de Santa María a Carcedo; la desviación que se encuentra en CT-1 km 5 que también nos llevará a Linares.

Otros Desembocadura fluvial y *camping* próximo.

Servicios Equipo de vigilancia, área de pícnic, *camping* próximo, servicio de limpieza y aparcamiento.

Actividad óptima Pesca recreativa.

Recomendaciones Evitar acudir en pleamar. Playa muy protegida de los vientos.

Playa de Santa María del Mar

Datos generales Latitud: 43.573365
Longitud: -5.997291

Playa con forma de ensenada ubicada en la localidad de Piedras Blancas. Bajo un entorno urbano, presenta una longitud de 350 m y una anchura media de 155 m. Sus accesos son rodados y fáciles al lecho de finas arenas tostadas. Los grados de ocupación y urbanización son altos.

Cómo llegar sin GPS Esta playa se divide en dos durante las pleamares, siendo una de las más concurridas del concejo. A ella se llega tomando dirección a Piedras Blancas y, tras atravesarla en dirección norte, proseguiremos sin desviarnos en la primera desviación, que nos llevaría a la playa de Arnao. En la playa más oriental desemboca el río Ferrera, por lo que suele ser más visitada la occidental.

Otros *Camping* próximo, desembocadura fluvial y rampas al mar.

Servicios Equipo de vigilancia, duchas, área de pícnic, servicio de limpieza, papeleras, aparcamiento y restaurantes.

Actividad óptima Inmersiones de buceo y pesca submarina a la derecha de la playa y en La Isla.

Recomendaciones Playa para toda la familia.

Playa de Arnao

Datos generales Latitud: 43.533056
Longitud: -7.014771

Playa de asistencia masiva y/o alto riesgo, en la localidad de San Martín de Laspra. Presenta forma de concha con una longitud de 300 m y una anchura media de 25 m. Se encuentra en un entorno rural y su peligrosidad es baja. Tiene fáciles accesos rodados y peatonales e inferiores a 0,5 km. El lecho es de arena tostada fina. Su grado de urbanización es medio.

Cómo llegar sin GPS Arnao se encuentra al abrigo de la montaña. Se llega desde la nacional 630, tomando la desviación hacia Salinas. Deberemos atravesar un túnel que deja atrás el arenal de Salinas, la playa de El Cuerno y de El Dólar. Tras bordear la fábrica que encierra la playa de El Dólar, encontraremos un desvío hacia la costa que pasa bajo un pequeño túnel. También se puede acceder desde la localidad de Piedras Blancas, atravesándola en dirección norte y tomando el primer cruce a la derecha en la carretera de la costa hacia Santa María.

Otros *Camping* próximo y desembocadura fluvial. En su margen oeste cabe destacar un importante arrecife del Devónico, de alto valor geológico, cuyo centro de interpretación está en Arnao.

Servicios Equipo de vigilancia, duchas, área de pícnic, servicio de limpieza, agua potable, papeleras, aparcamiento y restaurantes.

Actividad óptima Surf playa de categoría 2. Pesca submarina en ambas márgenes.

Recomendaciones Playa abrigada de los vientos.

Playa de El Pedrero

Datos generales Latitud: 43.578401
Longitud: -5.977678

Pedrero con forma de concha en la localidad de San Martín de Laspra. Su longitud es de 100 m y su anchura media de 30 m. Su entorno es rural y su peligrosidad es baja. Presenta fáciles accesos peatonales e inferiores a 0,5 km, al lecho mixto con pequeños aportes de arenas oscuras de grano medio. Grados de ocupación y urbanización, bajos.

Cómo llegar sin GPS Los núcleos más cercanos son Arnao y Piedras Blancas. Esta cala, utilizada asiduamente por aficionados a la pesca, se encuentra escondida tras la Casona de Arnao. El acceso se realiza por un pequeño camino sobre el que se hallan labrados unos peldaños deteriorados por el tiempo. No en vano, antaño era una playa privada. Cabe comentar que su situación, muy protegida, la hace estar a menudo mucho más resguardada del viento que las que la circundan.

Otros Zona muy batida por el oleaje. Oferta turística de Salinas.

Servicios Ninguno.

Actividad óptima Pesca submarina y pesca recreativa a caña.

Recomendaciones Accesos cortos pero bastante resbaladizos.

Playa de El Dólar

Datos generales Latitud: 43.579769
Longitud: -5.972786

Playa poco peligrosa situada en la localidad de San Martín de Laspra. Su forma es de concha, con una longitud de 200 m y una anchura media de 15 m. El entorno es industrial y sus accesos fáciles y rodados. El lecho de la playa es mixto, con presencia de arenas oscuras de grano medio. Los grados de ocupación y urbanización son bajos.

Cómo llegar sin GPS Los núcleos más cercanos son Arnao y Salinas. Se accede a esta concha desde la playa de Salinas, tras atravesarla en dirección oeste, o bien desde el núcleo de Piedras Blancas tras tomar dirección Arnao (sin entrar) y tras bordear la antigua fábrica. El pequeño aparcamiento antes del túnel, que la comunica con El Cuerno, nos espera.

Otros Ninguno.

Servicios Aparcamiento.

Actividad óptima Pesca submarina y pesca recreativa a caña.

Recomendaciones Aparcamiento remodelado en el 2009, muy pequeño.

Playa de El Cuerno

Datos generales Latitud: 43.580049
Longitud: -5.969009

Playa de peligrosidad media con forma de concha, localizada en San Martín de Laspra. Su longitud es de 100 m y su anchura media de 25 m, englobada en un entorno urbano. Sus fáciles accesos son rodados al lecho mixto con presencia de arenas oscuras de grano grueso. Los grados de ocupación y urbanización son bajos.

Cómo llegar sin GPS Los núcleos más cercanos son Arnao y Salinas. El Cuerno es una playa situada a continuación de la de Salinas, en dirección este-oeste, justo antes del túnel que la comunica con El Dólar y separada de esta por su zona oeste, mediante la roca denominada La Peñona.

Otros A resguardo de los vientos del oeste.

Servicios Aparcamiento.

Actividad óptima Naturismo y pesca recreativa a caña.

Recomendaciones Aparcamiento muy pequeño.

Playas de Salinas y San Juan

Datos generales Latitud: 43.577406
Longitud: -5.962143

Extensa playa de asistencia masiva en época estival y/o alto riesgo ante emergencia, situada en Salinas. Su continuación es San Juan o El Espartal y pertenece a la localidad de San Juan de Nieva. Ambas de forma lineal, con una longitud de 2200 m y una anchura media de 110 m para la primera, y 500 m y 60 m para la segunda. Entornos residenciales y peligrosidad media. Los accesos a estas playas son rodados. El lecho está compuesto de finas arenas doradas.

Cómo llegar sin GPS El entorno está formado por un hermoso paseo que la circunda desde la zona dunar, al este, hasta el mirador, al oeste. Se accede desde Avilés, Piedras Blancas o la nacional. En su zona oriental se encuentran San Juan y El Espartal, con importantes formaciones dunares, y tras ellas una senda para cicloturistas y varios aparcamientos.

Otros Área recreativa de Pinos Altos. El Espartal, así como la Peñona de Salinas y la ría, ha sido declarado Monumento Natural. Museo de Anclas Philippe Cousteau y extenso paseo marítimo.

Servicios Equipo de vigilancia, duchas, servicios, limpieza, aparcamiento y restaurantes. *Anfibuggy* para personas con movilidad reducida de mediados de junio a mediados de septiembre, en horario laboral y bajo cita previa.

Actividad óptima Surf playa de categoría 3 y pesca recreativa a caña.

Recomendaciones Cuidado con las corrientes en las cercanías de la ría.

Playas de Avilés

136. Playa de San Balandrán
137. Playa de El Embayo
138. Playa del Arañón

- La capital es Avilés. El concejo está formado por las parroquias de Avilés, Entreviñas, Miranda, Llaranes, Villalegre y Navarro.
- Su superficie limita al sur con el concejo de Corvera; al este, con Gozón y Corvera, y al oeste, con Castrillón.

Qué puedes visitar en el concejo:

- Avilés: antigua cárcel, información y turismo, ayuntamiento y plaza de España, calle de Galiana, calle de La Ferrería, calle de Rivero, capilla de los Alas, capilla de los Mártires San Cosme y San Damián, capilla del Santo Cristo de Rivero, capilla Ecce-Homo de Galiana, casa de Eladio Muñiz, casa de Los Lobo (s. XVIII), casa de los Arias de La Noceda, casa de Maqua, Centro Cultural Internacional Oscar Niemeyer, ermita de la Luz, fuente de los Caños de Rivero, fuente de los Caños de San Francisco, iglesia de los Padres Franciscanos, iglesia de San Nicolás de Bari, iglesia de San Pedro Navarro, iglesia de Santa María de Coros, iglesia de Santo Tomas de Canterbury, plaza del Carbayedo e iglesia vieja de Sabugo, jardín francés (entre el parque de Ferrera y el palacio de Ferrera), palacio de Balsera, palacio de Camposagrado, palacio de Ferrera, palacio de Llano Ponte, palacio de Maqua, palacio de Valdecarzana, parque de Ferrera, teatro Palacio Valdés, Museo Alfercam (instrumentos musicales étnicos y automoción clásica) y mercado en Avilés los lunes.
- Monumento Natural la Charca de Zeluán y Ensenada de Llodero.
- Paseo del Arañón: entre San Juan y la playa del Arañón.
- Paseo marítimo y fluvial de la ría de Avilés.
- Valliniello: área recreativa, la playa más próxima es Xagó.
- Febrero: Antroxu (Carnaval), en Avilés y Gijón, Fiesta de Interés Turístico Regional.
- Abril: Semana Santa, Fiesta de Interés Turístico Regional. Lunes de Pascua, Fiesta del Bollo, Fiesta de Interés Turístico Nacional y día de la comida en la calle.
- Mayo: día 1 en Corvera de Asturias, Jira al embalse de Trasona, Fiesta de Interés Turístico Nacional.
- Julio: días 18 al 27, Festival Intercéltico de Avilés y Comarca, Fiesta de Interés Turístico Regional.
- Senda costera PR-AS 25, del faro de San Juan de Nieva al cabo Peñas.
- Senda costera de San Juan de Nieva al Arañón.

Playa de San Balandrán

Datos generales Latitud: 43.594845
Longitud: -5.939226

Playa situada en Zeluán, en la margen este de la ría de Avilés. Su forma es de concha, con una longitud de 150 m y una anchura media de 50 m. Se encuentra situada en un entorno urbano y de peligrosidad baja. Los accesos al lecho de arenas tostadas de grano medio son rodados. Su grado de ocupación es bajo, y medio el de urbanización.

Cómo llegar sin GPS Son núcleos cercanos El Poblado y Zelúan. Esta playa se encuentra en la conocida ensenada de Llodero y próxima, por tanto, a la charca de Zeluán (zona de observación de aves permanente). Presencia de plantas de marisma amenazadas de la flora del Principado de Asturias (*Limonium vulgare* y *Sarcocornia perennis*). Paseo marítimo hasta el faro.

Otros Desembocadura fluvial y posibilidad de llevar a su mascota.

Servicios Aparcamiento.

Actividad óptima Pesca recreativa.

Recomendaciones Evitar dañar el frágil ecosistema y obviar el baño. Prohibido perros sueltos.

Playa de El Embayo

Datos generales Latitud: 43.593944
Longitud: -5.931158

Cala localizada en Nieva. En un entorno urbano, tiene forma de concha, con una longitud de 150 m y una anchura media de 30 m. La peligrosidad de este paraje es considerada baja y se accede a él de forma rodada. El lecho lo forman arenas tostadas de grano fino. Su grado de ocupación es bajo y el de urbanización, medio.

Cómo llegar sin GPS Son núcleos cercanos Nieva y Zelúan. Casi todo el mundo conoce este enclave como la Cola de Caballo, nombre de la cercana formación rocosa bajo la que pasa la carretera que se encamina hacia el faro de San Juan desde la localidad de Zeluán.

Otros Desembocadura fluvial y posibilidad de llevar a su mascota. Faro de San Juan. Latitud: 43.595373 y longitud: -5.945234. Oferta turística de Avilés.

Servicios Ninguno.

Actividad óptima Pesca recreativa.

Recomendaciones No se recomienda el baño en la ría.

Playa de Arañón

Datos generales Latitud: 43.589499
Longitud: -5.91794

La encontraremos situada en la localidad de Nieva. Esta playa en forma de concha tiene una longitud de 150 m y una anchura media de 30 m. Se encuentra situada en un entorno rural, al que accederemos de forma rodada, y su peligrosidad es baja. Está compuesta de arenas tostadas de grano fino en mayor medida y algunos cantos rodados. Su grado de ocupación es bajo y el de urbanización, medio.

Cómo llegar sin GPS Son núcleos cercanos Nieva y Zelúan. Se encuentra muy próxima al faro y unas pequeñas instalaciones en forma de área de pícnic, así como un bar en las proximidades. Por ello, de las tres del concejo, es la más visitada, aunque nunca de forma masiva.

Otros Desembocadura fluvial y posibilidad de llevar a su mascota. Piezas arqueológicas correspondientes al Paleolítico inferior. Faro de San Juan, latitud: 43.595373 y longitud: -5.945234. Oferta turística de Avilés.

Servicios Ninguno.

Actividad óptima Pesca recreativa.

Recomendaciones Durante el baño procurar no adentrarse en la ría.

Monstruos marinos Pulpo gigante *Haliphron atlanticus* de 30 kg mediante arrastre. Octubre 2003, *Architeuthis dux* de unos 11 m de largo y 90 kg de peso, en el caladero del Agudo de Tierra (vertical de Avilés). 18 de abril del 2008, *pixín* (rape) de más de 50 kg.

Playas de Gozón

- La capital es Luanco. Gozón está formado por trece parroquias: Ambiedes, Bañugues, Bocines, Cardo, Heres, Laviana, Luanco, Manzaneda, Nembro, Podes, Verdicio, Viodo y Vioño.
- Su superficie limita al norte con el mar Cantábrico; al sur, con Corvera; al oeste, con Avilés, y al este, con Carreño.

Qué puedes visitar en el concejo:

- Aramar e isla del Carmen: Conjunto Protegido antiguo astillero Anselmo Artime (IPAC)[1].
- Bañugues: casa de los González-Llanos (s. XVIII).
- Cabo Peñas: punto más septentrional y más visitado de la costa de Asturias. Centro de Interpretación del Fondo Marino de Peñas y el faro del Cabo Peñas. Latitud 43.655453 y longitud -5.848546. Paisaje Protegido del Cabo Peñas (parroquias de Laviana, Podes, Verdicio, Viodo, Bañugues, Eres y Luanco).
- Luanco: Museo Marítimo de Asturias, Torre del Reloj (1705), palacio de los Menéndez de la Pola (s. XVII), iglesia de Santa María (s. XVIII-XIX), casa de los Mori (1902), hospital de Peregrinos de San Juan Bautista (s. XVII), puerto de Luanco (1679), Torneo Tenis Playa Luanco (finales de julio o primeros de agosto), área recreativa de La Mofosa y mercadillo los viernes.
- Faro de San Juan en la ría de Avilés. Latitud: 43.595373 y longitud: -5.945234.
- Restos románicos de la iglesia parroquial de Santa Eulalia, en Nembro (s. XII), capilla de San Miguel de Susacasa (s. XIII) y la capilla de San Roque (s. XIX).
- Santiago de Ambiedes: embalse de La Granda, humedal.
- Verdicio: iglesia de San Cristóbal (s. XVIII) y casa de Fiame (s. XVIII).
- Valliniello: área recreativa.
- Senda costera PR-AS 25.1, del cabo Peñas a Luanco.
- Senda costera PR-AS 25, del faro de San Juan de Nieva al cabo Peñas.

139. Playa de Xagó
140. Playas de Portazuelos y de Riva de Pachón
141. Playa de El Molín del Puerto
142. Playa de Aguilera
143. Playa de Carniciega
144. Playa de Verdicio
145. Playa de La Cabaña
146. Playas de Ferrero y El Picón
147. Playa de Pachón y El Sabín
148. Playa de Viodo
149. Playas de El Puertín de Viodo y Llumeres
150. Playa de Les Botades
151. Playa de Bañugues
152. Playa de Moniello
153. Playa de La Ñera
154. Playa de La Mofosa
155. Playa de Luanco
156. Playa de La Ribera
157. Playa de Samarincha
158. Playa de El Dique
159. Playa de Aramar
160. Playa de El Carmen
161. Playa de Gargantera
162. Playa de Cristal
163. Playas de La Fuentina, El Cuerno y El Sombrao
164. Playa de San Pedro de Antromero

---

[1] IPAC: Inventario del Patrimonio Cultural de Asturias.

Playa de Xagó

Datos generales   Latitud: 43.605971
Longitud: -5.915236

Asistencia masiva en época estival y/o alto riesgo ante
emergencia. Rectilínea, con una longitud de 1750 m y una anchura
media de 120 m, en el entorno rural de Nieva y con peligrosidad
alta. Accesos rodados, inferiores a 0,5 km a un lecho de finas
arenas doradas. El grado de urbanización es medio.

Cómo llegar sin GPS   Desde Avilés se toma la AS-238 a Luanco. Al llegar a la glorieta,
junto a Arcelor, tomaremos la desviación a la izquierda por la
AS-328 Laviana-Cabo Peñas. Se dejará a la derecha la desviación
al cabo Peñas y se continuará por la AS-329. Pasado Zeluán, se
sigue hasta los astilleros, donde se toma la desviación derecha
(GO-15), que lleva a Xagó. Si vamos por el alto, podremos
descender hacia la playa o tomar el segundo acceso a las zonas
recreativas y de aparcamiento.

Otros   *Camping* próximo y desembocadura fluvial. Dunas eólicas y flora
protegida que forma parte del Paisaje Protegido del Cabo Peñas.
Yacimiento geológico-paleontológico (playa y alto) y túmulo de
Xagó. Faro de San Juan. En la cercana Nieva se han hallado restos
prehistóricos, así como el castro de El Cantu la Figal.

Servicios   Equipo de vigilancia, duchas, área recreativa de Valliniello, servicio
de limpieza, aparcamiento y restaurantes.

Actividad óptima   Surf playa de categoría 3 y naturismo en las dunas.

Recomendaciones   Mucho cuidado con las corrientes y frecuente fuerte oleaje.

Playas de Portazuelos y de Riva de Pachón

Datos generales Latitud: 43.623308
Longitud: -5.905924

Portazuelos es una playa de poca asistencia que se encuentra en la localidad de Monteril. En grandes bajamares se une a la de Riva de Pachón. Ambas son conchas en torno a 250 m de longitud y 30 m de anchura, en un entorno rural con un grado de urbanización y ocupación bajo, de peligrosidad media. El acceso a un lecho compuesto de finas arenas negras y escorias es peatonal, inferior a 0,5 km. Los grados de ocupación y urbanización son bajos.

Cómo llegar sin GPS El color característico de las arenas de esta playa situada al abrigo del cabo Negro le es conferido por el aporte permanente de la desembocadura de la ría. El acceso inicial a ambas lo encontraremos tomando el conocido como Teleférico, en las inmediaciones de Monteril. Para la primera, no nos desviaremos; pero para llegar a la de Riva de Pachón, en la bifurcación tomaremos la pista hacia el este, avanzando 900 m para dejar aquí el vehículo. El acceso se encuentra en muy mal estado, debido al continuo paso de camiones.

Otros Santiago de Ambiedes: embalse de La Granda, humedal. Senda costera PR-AS 25, del faro de San Juan de Nieva al cabo Peñas. Restos de la antigua sala de máquinas, patrimonio industrial del concejo.

Servicios Ninguno.

Recomendaciones No se recomienda utilizar el coche en la pista de bajada a ninguna de las dos.

Playa de El Molín del Puerto

Datos generales Latitud: 43.623961
Longitud: -5.898499

Con forma de ensenada y asistencia media en época estival,
situada en El Molín del Puerto. En un entorno rural, presenta
una longitud de 75 m y una anchura media de 15 m. El lecho
mixto, a base de cantos y afloramientos rocosos, es considerado
de peligrosidad baja. Los accesos son rodados y el grado de
urbanización medio.

Cómo llegar sin GPS Desde Avilés tomaremos la AS-238 a Luanco. Al llegar a la glorieta
que hay junto a Arcelor, nos desviaremos a la izquierda por la
AS-328, en sentido Laviana-Cabo Peñas. Se continúa por esta
carretera, que se desdobla a la altura de la ría de Avilés, tomando
la desviación derecha al cabo Peñas, siempre por la AS-328.
Dejaremos atrás la señal a Montoril y giraremos a la izquierda por
la siguiente desviación, que indica a Molín del Puerto. Tras 2 km
de descenso, llegaremos a un restaurante y una derruida cetárea.

Otros En la margen oeste se encuentra el castro de El Castiellu. En
la playa, restos de un yacimiento geológico-paleontológico con
numerosos fósiles.

Servicios Aparcamiento pequeño y restaurante.

Actividad óptima Pesca submarina, pesca recreativa a caña y baño (dada su
horizontalidad y calado en la margen derecha).

Recomendaciones No entorpecer el paso con el aparcamiento del vehículo.

Playa de Aguilera

Datos generales Latitud: 43.622905
Longitud: -5.886054

Situada en San Martín de Podes. Esta concha tiene una longitud de 315 m y una anchura media de 70 m, en un entorno rural de peligrosidad baja. Los fáciles accesos son peatonales, inferiores a 0,5 km. Arena dorada de grano medio. Grados de ocupación y urbanización, bajos.

Cómo llegar sin GPS Es una bonita playa ubicada al abrigo de un acantilado de unos 90 m, a la que se accede desde la carretera de la costa de Avilés al cabo Peñas. La desviación se encuentra inmediatamente antes de llegar a Verdicio; esto significa que, nada más pasar San Martín de Podes, hemos de tomar la entrada al pueblo situada más al oriente. Después, seguiremos hasta el primer cruce y tomaremos la pequeña carretera que se dirige hacia el mar, a la derecha. Aquí deberemos aparcar el vehículo, pues comienza una pista de tierra donde no tendremos espacio. Unos 100 m más adelante y a través de esta, encontraremos una larga bajada hasta el nivel del mar, justo enfrente de los islotes de La Calmaniega y Bermeo.

Otros En grandes bajamares se une a la vecina playa de Carniciega y en pleamar se divide en dos. Paisaje Protegido del Cabo Peñas, proximidad al cabo Peñas y a Luanco.

Servicios Ninguno.

Actividad óptima Naturismo y zona de inmersión habitual en los islotes mencionados.

Recomendaciones Aparcar respetando el paso.

Playa de Carniciega

Datos generales Latitud: 43.623495
Longitud: -5.881076

Playa de asistencia masiva y/o alto riesgo ubicada en La Granda.
Es una concha con una longitud de 340 m y una anchura media
de 70 m que se encuentra situada en un entorno rural y cuya
peligrosidad es alta. Su acceso al lecho de finas arenas doradas
es rodado, y su grado de urbanización, bajo.

Cómo llegar sin GPS El núcleo más cercano es La Granda. Este arenal, también
conocido como La Barquera, es uno de los lugares más apacibles y
con mejor arena del Principado de Asturias. Podemos llegar hasta
Carniciega por un camino que avanza desde el acceso a Aguilera,
o por otro que viene desde Verdicio. Desde esta última es sencillo
pasar durante la bajamar. La desviación hacia el aparcamiento no
está indicada, aunque no es difícil dar con ella, pues está en la
primera curva que nos encontraremos al dejar Verdicio en dirección
Avilés por la costa.

Otros Paisaje Protegido del Cabo Peñas, proximidad al cabo Peñas y
a Luanco. Conjunto dunar y castro de Los Garabetales en sus
cercanías.

Servicios Equipo de vigilancia y aparcamiento en una pradería cercana.

Actividad óptima Pesca recreativa a caña.

Recomendaciones Habitualmente presenta un fuerte oleaje, precaución.

Playa de Verdicio

Datos generales Latitud: 43.626322
Longitud: -5.876741

Asistencia masiva en época estival y/o alto riesgo ante situación de emergencia, en Verdicio. Forma de concha, con una longitud de 330 m y una anchura media de 80 m. El entorno es residencial, de peligrosidad alta. Los accesos son rodados a un lecho de finas arenas doradas. Su grado de urbanización es medio.

Cómo llegar sin GPS El núcleo más cercano es Verdicio. Esta playa es conocida también como Tenrero. A pesar de la potencia de sus mareas, es una de las más visitadas, a la que se accede por el mismo trazado que para las anteriores, pero continuando unos 2 km más adelante. Así, tras pasar la desviación a La Granda si venimos desde Avilés, se gira a la izquierda por la siguiente desviación, que nos llevará hasta la playa.

Otros Desembocadura del río Tenrero. Paisaje Protegido del Cabo Peñas, proximidad a Luanco. Conjunto dunar, yacimiento geológico-paleontológico (playa y dunas) y yacimiento arqueológico del Paleolítico. Conjunto arquitectónico de Verdicio y senda PR-AS 25, del faro de San Juan de Nieva al cabo Peñas.

Servicios Equipo de vigilancia, duchas, área de pícnic, servicio de limpieza, aparcamiento y restaurantes.

Actividad óptima Surf playa de categoría 2. Se efectúan inmersiones de buceo en Menéndez Álvarez e isla de la Herbosa, en las cercanías del cabo Peñas.

Recomendaciones Tomar precauciones durante el baño.

Playa de La Cabaña

Datos generales Latitud: 43.631323
Longitud: -5.866055

Playa ubicada en la localidad de Verdicio. Es una concha con una longitud de 95 m y una anchura media de 10 m. Bajo un entorno rural, de peligrosidad alta, se esconde un lecho mixto en el que predominan las arenas grises de grano medio sobre los cantos. Sus grados de ocupación y urbanización son bajos.

Cómo llegar sin GPS Esta playa se encuentra a unos 300 m de la de Verdicio y se accede a ella por un pequeño sendero que avanza por la costa desde esta.

Otros Gran roca con forma de rana en su vertiente oeste. Paisaje Protegido del Cabo Peñas, proximidad al cabo y a Luanco. Conjunto arquitectónico de Verdicio y senda PR-AS 25, del faro de San Juan de Nieva al cabo Peñas.

Servicios Ninguno.

Actividad óptima Pesca submarina. Pesca recreativa.

Recomendaciones Acceso corto y resbaladizo.

Playas de Ferrero y El Picón

Datos generales Latitud: 43.636914
Longitud: -5.858846

Ferrero es un gran pedrero en forma de concha con una longitud de 500 m y una anchura media de 20 m, su última pequeña cala (50 m), conocida como El Picón, es habitualmente usada por pescadores. El entorno es rural, de peligrosidad alta, y sus accesos peatonales e inferiores a 0,5 km. El lecho lo conforman afloramientos rocosos y cantos, con grados de ocupación y urbanización bajos.

Cómo llegar sin GPS Son núcleos cercanos Ferrero y Viodo. La concha de Ferrero está integrada por varias calas menores: La Carrera, Solarriba y El Picón. El acceso central se sitúa enfrente de la carretera que avanza del cabo Peñas a Verdicio y que se encuentra con la que llega desde Luanco a Viodo por la costa; una pista en zigzag que en sus últimos 10 m presenta algunas complicaciones, por la inestabilidad del terreno. En su vertiente este se encuentra la cala de El Picón, a la que se accede desde las proximidades de un repetidor de telefonía, a través de un mal camino tomado por la vegetación y los tojos.

Otros Paisaje Protegido del Cabo Peñas y su Centro de Interpretación, proximidad a Luanco. Conjunto arquitectónico de Ferrero y senda PR-AS 25, del faro de San Juan de Nieva al cabo Peñas.

Servicios Ninguno.

Actividad óptima Pesca submarina y pesca recreativa.

Recomendaciones Cuidado con la subida de la marea, podríamos quedar aislados. Desprendimientos del terreno en el descenso a El Picón.

Playas de Pachón y El Sabín

Datos generales Latitud: 43.655888
Longitud: -5.856357

En el entorno rural de Ferrero, tienen 25 y 75 m, respectivamente, y una anchura media de 5 m de peligrosidad alta. El acceso a estas calas es marítimo y su lecho mixto cuenta con la presencia de arenas oscuras de grano grueso. Sus grados de ocupación y urbanización son nulos.

Cómo llegar sin GPS Se encuentran al amparo de los acantilados que avanzan hasta el cabo Peñas. Viniendo desde Avilés por la AS-328, en sentido Laviana-Cabo Peñas, llegaremos al desdoble a la altura de la ría de Avilés. Aquí tomaremos la desviación de la derecha, hacia el cabo Peñas. La primera salida está situada tras el repetidor telefónico, en la margen oriental de la playa El Picón, y la segunda se encuentra unos 200 m más al este, en las cercanías del imponente cabo. Se puede intentar el descenso a pie, pero no es recomendable. Al islote del Sabín se puede acceder desde tierra durante bajamar.

Otros Cabo Peñas: punto más septentrional y más visitado de la costa asturiana: Centro de Interpretación del Fondo Marino de Peñas y faro. Declarado paisaje protegido y zona de observación de aves. Sendas costeras PR-AS 25 y PR-AS 25.1. Yacimiento geológico-paleontológico (rocas del Ordovícico). Conjunto arquitectónico de Ferrero.

Servicios Ninguno.

Actividad óptima Pesca desde embarcación.

Recomendaciones Cuidado con los tropiezos y en el descenso, piedras sueltas.

Playa de Viodo

Datos generales Latitud: 43.64474
Longitud: -5.836272

En forma de concha, se encuentra en el entorno rural de Viodo.
Con una longitud de 160 m y una anchura media de 15 m, es de
peligrosidad media. Sus fáciles accesos al lecho mixto con presencia
escasa de arenas oscuras y grano grueso son peatonales e inferiores
a 0,5 km. Sus grados de ocupación y urbanización son bajos.

Cómo llegar sin GPS A la playa de Viodo, o de Arnielles, se llega atravesando Viodo,
momento en el que encontraremos una pista que se desvía a la
izquierda, en dirección norte. Seguiremos esta carretera que se
transforma en pista unos 800 m hasta el lugar donde solo pueden
aparcar unos cinco coches. Aquí el camino se bifurca, accediendo
a ambos lados de la playa. Podríamos acceder hasta el Puertín de
Viodo, en bajamar, a través del extenso pedrero que la conforma.

Otros Desembocadura fluvial. Paisaje Protegido de Cabo Peñas. Senda
costera PR-AS 25.1. Yacimiento geológico-paleontológico (rocas de
origen volcánico y sedimentario de los períodos Ordovícico y Silúrico).
Conjuntos arquitectónicos de Ferrero y Viodo.

Servicios Ninguno.

Actividad óptima Pesca submarina y pesca recreativa. Inmersiones de buceo, también
en la isla de la Herbosa, en el cercano cabo Peñas.

Recomendaciones Se recomienda el acceso por el camino de la derecha.

Monstruos marinos 16 de noviembre 2002: calamar gigante de 65 kg.
21 de junio 2009: ballena rorcual de 11 m y 12 toneladas.

Playas de El Puertín de Viodo y Llumeres

Datos generales Latitud: 43.641013
Longitud: -5.831294

El Puertín es una pequeña concha y Llumeres es extensa y prácticamente lineal. Tienen una longitud de 60 m y 450 m, con una anchura media de 15 m y 20 m, respectivamente. El entorno es rural, el fácil acceso es peatonal y de peligrosidad baja. Los grados de ocupación y urbanización son bajos.

Cómo llegar sin GPS En Luanco tomaremos la desviación por la GO-1, en sentido a cabo Peñas, desviándonos a la derecha hacia un aparcamiento con área recreativa. Estacionaremos aquí, de donde parte el acceso por una pista cementada hasta la playa de Llumeres. Se utiliza el mismo acceso para ambas, con la particularidad de que para la primera deberemos ir hasta el puerto y pasar al otro lado del muro por unas escaleras y un pequeño tramo en mal estado.

Otros Desembocadura del arroyo Barrero. Antigua mina de Llumeres (principal mina de hierro asturiana de los siglos xix y xx), incluida en el Inventario del Patrimonio Cultural de Asturias (IPAC).

Servicios Aparcamiento próximo a la playa y área de pícnic junto a la carretera general.

Actividad óptima Pesca submarina, inmersiones de buceo y pesca recreativa a caña.

Recomendaciones No se recomienda el baño en días de mar agitada por presencia de mineral de hierro en suspensión que colorea las aguas.

Playa de Les Botades

Datos generales Latitud: 43.642830
Longitud: -5.821294

Presenta forma de concha, una longitud de 100 m y una anchura de 15 m, en un entorno virgen de peligrosidad alta. Los accesos son peatonales y complicados, inferiores a 1 km. Compuesta de arena oscura de grano grueso y grados de ocupación y urbanización bajos.

Cómo llegar sin GPS Esta playa se encuentra escondida tras la punta de la Narvata, al oriente de la ensenada de Llumeres. En Luanco tomaremos la desviación por la GO-1, en dirección Cabo Peñas. El acceso se efectúa desde la localidad de El Monte, lugar del que parte una pista en dirección norte. Se puede avanzar con el coche hasta donde viene señalizada la senda costera, de Bañugues hasta el cabo Peñas, para dirigirnos luego hasta el único chalé que veremos en el horizonte próximo. Tras él, parte una pista agraria, en la misma dirección, donde deberemos estacionar. Unos 300 m más adelante, encontraremos el descenso a la playa entre la maleza.

Otros Antiguamente se efectuaban en la zona botaduras de lanchas, de ahí su nombre. Proximidad a un yacimiento arqueológico de época medieval en la punta Narvata.

Servicios Ninguno.

Actividad óptima Pesca submarina y pesca recreativa.

Recomendaciones Prestar especial atención en la bajada y protegerse las piernas para evitar arañazos.

Playa de Bañugues

Datos generales Latitud: 43.628527
Longitud: -5.810094

Asistencia masiva en época estival y/o alto riesgo ante emergencia. Se encuentra situada en la localidad de Bañugues. Tranquila localización de forma triangular, con una longitud de 400 m y una anchura media de 138 m. Situada en un entorno residencial de peligrosidad baja. Los accesos son rodados a un lecho de arena dorada de grano medio, con grado de urbanización medio.

Cómo llegar sin GPS A Bañugues se llega sin problema por la AS-238 que une Luanco con Avilés desviándonos por la GO-1 por la costa, que nos lleva al cabo Peñas. En los extremos de la playa se encuentran zonas rocosas de poca importancia y en la margen derecha vierte sus aguas un pequeño arroyo. El lecho, al ser muy horizontal, condiciona la presencia de arenas secas.

Otros *Camping* próximo y desembocadura fluvial del arroyo La Cabaña al que se incorpora el río La Arena. En la margen oeste se localizan yacimientos del Paleozoico y fósiles. Enclave de especial importancia ornitológica. Cercanía a un yacimiento arqueológico del Paleolítico y de la era romana.

Servicios Equipo de vigilancia, duchas, área de pícnic, servicio de limpieza, aparcamiento y restaurantes.

Actividad óptima Pesca recreativa a caña en la vertiente oriental y zona de inmersión en la occidental.

Recomendaciones Muy recomendada para el baño de los niños.

Playa de Moniello

Datos generales Latitud: 43.62918
Longitud: -5.794601

Playa de asistencia media en época estival en forma de concha.
Se encuentra en Moniello. Con una longitud de 80 m y una anchura
media de 20 m, para un entorno rural cuya peligrosidad es media.
El acceso es rodado a un lecho formado por cantos y escasas arenas
tostadas de grano grueso. Su grado de urbanización es bajo.

Cómo llegar sin GPS Se encuentra situada entre la punta Palleya y la punta La Vaca. Es
una pequeña cala a la que se accede desde Luanco, por su entrada
desde Avilés. En la rotonda, se toma la desviación que indica a
Moniello y que enlaza con la carretera GO-2. Está perfectamente
indicada en su camino inicial, aunque después, cuando tomemos una
larga recta de unos 3 km, deberemos desviarnos a la derecha, hacia
un restaurante que se encuentra justo detrás de esta. En su parte
posterior desemboca un pequeño arroyo y, a pesar de que está llena
de cantos, la pradería posterior se utiliza como solario. Su margen
oriental se ve cerrado por la punta de Moniello.

Otros Desembocadura fluvial. Senda costera PR-AS 25.1, del cabo Peñas
a Luanco. Yacimiento geológico-paleontológico (rocas del Devónico) y
yacimiento arqueológico del Paleolítico.

Servicios Área de pícnic, duchas y restaurante.

Actividad óptima Inmersiones de buceo y pesca recreativa a caña.

Recomendaciones Poco abrigada, suele presentar un fuerte oleaje.

Playa de La Ñera

Datos generales   Latitud: 43.628309
Longitud: -5.788056

Pedrero en forma de concha, localizado en Moniello. Su longitud es de 95 m y tiene una anchura media de 15 m, en un entorno rural de peligrosidad media. Los accesos son peatonales, complicados e inferiores a 0,5 km. Está compuesta de afloramientos rocosos. Sus grados de ocupación y urbanización son bajos.

Cómo llegar sin GPS   La Ñera se encuentra al abrigo de la punta La Vaca, en las cercanías de la playa de Moniello. Al llegar a Luanco tomaremos la avenida del Gayo hacia la playa, donde nos desviaremos a la izquierda hacia arriba por la calle del Fuerte. Giraremos de nuevo a la izquierda, hasta la calle de la Atalaya. Al final se encuentra un aparcamiento desde el que parte un sendero hasta punta La Vaca, desde la que nos restarán 100 m hacia el oeste. También se accede a través de la senda que une Luanco y Moniello por la costa, o aprovechando bajamares desde esta última. No existe una bajada definida, aunque se puede descender desde la vertiente más oriental, a través de una densa y punzante vegetación.

Otros   Senda costera PR-AS 25.1, del cabo Peñas a Luanco. Yacimiento geológico-paleontológico en punta La Vaca (rocas del Devónico) y yacimiento arqueológico del Paleolítico. Zona de observación de aves.

Servicios   Ninguno.

Actividad óptima   Pesca submarina y pesca recreativa.

Recomendaciones   Desde Moniello, prestar atención a la subida de las aguas.

Playa de La Mofosa

Datos generales Latitud: 43.625514
Longitud: -5.782285

Pedrero en la zona conocida como La Mofosa, dentro de Luanco. Presenta forma lineal con una longitud de 100 m y una anchura media de 15 m. Entorno rural y peligrosidad media. Los accesos son fáciles, peatonales e inferiores a 0,5 km. Está compuesta de cantos y afloramientos rocosos. Los grados de ocupación y urbanización son bajos.

Cómo llegar sin GPS Se accede desde el inicio de la senda peatonal Luanco-Moniello-Bañugues, en la zona alta de Luanco. Para llegar aquí nos acercaremos hasta la playa de Luanco y subiremos por la carretera que asciende tras el parque de la playa. Más adelante tomaremos la desviación hacia la abandonada depuradora. Al llegar al inicio, encontraremos una pista en muy mal estado que desciende hasta las inmediaciones de una balsa abandonada y cuyo rebose vierte directamente al mar. No es recomendable el baño por el motivo especificado, aunque es el acceso ideal para acercarse a disfrutar de la pesca submarina en las inmediaciones de punta La Vaca.

Otros Desembocadura fluvial a través de la abandonada depuradora. Senda costera PR-AS 25.1, del cabo Peñas a Luanco.

Servicios Área recreativa próxima. Oferta de ocio y turística de Luanco. Hípico en las proximidades.

Actividad óptima Pesca submarina y pesca recreativa.

Recomendaciones Suele presentar un fuerte oleaje, precaución.

Playa de Luanco

Datos generales
Latitud: 43.618027
Longitud: -5.787778

De asistencia masiva en época estival y/o alto riesgo ante emergencia, en Luanco. Su forma de concha se extiende a lo largo de una longitud de 300 m y una anchura media de 70 m. El entorno es residencial, de peligrosidad baja y accesos rodados. Compuesta de arena dorada de grano medio, y con un grado de urbanización alto.

Cómo llegar sin GPS
Su nombre tradicional es playa de La Marina. Está unida a la playa de La Ribera a través de un paseo que recorre la localidad desde el viejo puerto hasta el nuevo puerto deportivo, que guarece la playa por su margen occidental, mientras un espigón lo hace en el lado oriental. Tras él, se encuentra una cala mínima de arena conocida como playa de La Iglesia.

Otros
Nuevo puerto deportivo, rampas al mar y zona de arena permanentemente seca. Variada oferta turística de Luanco.

Servicios
Equipo de vigilancia, duchas, papeleras, lavapiés, área de pícnic, accesos adaptados a personas con movilidad reducida, servicio de limpieza, aparcamiento y restaurantes.

Actividad óptima
Baños y pesca recreativa desde el espigón viejo.

Recomendaciones
Aparcar en la carretera que sube a la urbanización de Peroño, tras la playa.

Monstruos marinos
11 de julio 1969: el mayor calamar gigante hallado en Asturias con 250 kg y 12 metros de longitud.

Playa de La Ribera

Datos generales Latitud: 43.613926
Longitud: -5.791726

Playa muy urbanizada, con forma de ensenada y de poca asistencia, situada en Luanco. Su longitud es de 235 m y su anchura media de 40 m, al amparo de un entorno residencial de peligrosidad baja. Los accesos son rodados, el lecho que la conforma es predominantemente de arenas oscuras de grano grueso. Presenta afloramientos rocosos en su vertiente oriental.

Cómo llegar sin GPS Este arenal se ve prácticamente anegado en la pleamar dada su horizontalidad. El vertido de algunos colectores urbanos en el pasado la han convertido en poco frecuentada, salvo para los eventuales paseantes a través de su bonito paseo marítimo. En la antigüedad fue utilizada como puerto ballenero; en su seno albergó un balneario y casa de baños, desaparecido en 1916. Aquí se desarrolla todos los años el torneo Tenis Playa de Luanco o Trofeo Juan Avendaño (único en el mundo) y es habitual el desarrollo de regatas de traineras y bateles.

Otros Desembocadura fluvial y posibilidad de llevar a su mascota. Amplia oferta turística de Luanco.

Servicios Restaurantes.

Actividad óptima Pesca recreativa a caña en pleamar.

Recomendaciones No se recomienda el baño.

Monstruos marinos 16 de noviembre 2002, calamar gigante de 200 kg.

Playa de Samarincha

Datos generales Latitud: 43.612714
Longitud: -5.789495

Cala situada en la localidad de Luanco. De forma rectangular, con una longitud de 120 m y una anchura media de 10 m, se sitúa en un entorno urbano de peligrosidad baja. El acceso al lecho mixto es fácil y peatonal, inferior a 0,5 km. Está compuesta de arenas gruesas de color tostado y multitud de afloramientos rocosos. Sus grados de ocupación y urbanización son bajos.

Cómo llegar sin GPS Samarincha puede verse desde la playa de La Ribera, ya que se encuentra tras los chalés de la margen oriental. Si seguimos el paseo, llegaremos a la callejuela Samarincha, al final de la cual la encontraremos. Es muy horizontal, por lo que desaparecerá durante las pleamares. Más a la derecha parte un alargado pedrero conocido como Samarinchón. En sus cercanías discurre una senda que va desde la playa de La Ribera hasta la playa de Aramar, a través de las praderías. A su paso dejaremos atrás varias pequeñas calas; la más conocida es la de Los Boletos.

Otros Amplia oferta turística de Luanco.

Servicios Ninguno.

Actividad óptima Pesca recreativa a caña.

Recomendaciones Efectuar la senda que parte de aquí, hasta Aramar, por el litoral.

Playa de El Dique

Datos generales Latitud: 43.610135
Longitud: -5.786533

Playa localizada en Aramar. Presenta forma lineal con una longitud de 80 m y una anchura media de 25 m. Situada en un entorno portuario y residencial, de peligrosidad baja. Los accesos son rodados a un lecho de arenas oscuras de grano medio, con presencia de afloramientos rocosos. Los grados de ocupación y urbanización son bajos.

Cómo llegar sin GPS Para llegar a nuestro destino, debemos tomar la salida hacia Aramar en la primera glorieta después de pasar el túnel tras el que se ve Luanco. Tras unos 800 m nos desviaremos hacia la urbanización de Los Laureles. En el primer cruce que encontraremos entraremos en la calle Molín de La Arena, que nos llevará a lo largo de unos 800 m hacia la costa, y después bajaremos por la única desviación a la izquierda. Desde aquí podemos observar, al nordeste, la isla sobre la que se encuentra la capilla del Carmen.

Otros Desembocadura fluvial. Isla del Carmen y la ensenada de Aramar es sitio histórico protegido. Antiguo astillero Anselmo Artime. Amplia oferta turística de Luanco.

Servicios Aparcamiento y duchas.

Actividad óptima Pesca recreativa.

Recomendaciones Cuidado con los afloramientos rocosos si decidimos darnos un baño.

Monstruos marinos 4 de mayo del 2010, *Ziphius cavirostris* de casi 6 m de longitud y 2000 kg de peso.

Playa de Aramar

Datos generales
Latitud: 43.608674
Longitud: -5.783057

Playa de poca asistencia y forma de concha, situada en la localidad de Aramar. Tiene una longitud de 100 m y una anchura media de 15 m, en un entorno residencial de peligrosidad baja. Los accesos son rodados a un lecho mixto con escasa presencia de arenas oscuras de grano medio y multitud de pequeños afloramientos rocosos. Su grado de urbanización es bajo.

Cómo llegar sin GPS
El núcleo más cercano es Aramar. Se utiliza el mismo acceso inicial que para la playa anterior, aunque nos meteremos por la calle Asturias, en lugar de por la calle Molín de la Arena. El tramo final cruzará un pequeño puente que salva la desembocadura del arroyo La Gallega y muere en una pequeña área recreativa. El camino continúa hacia arriba por la ladera, pudiendo incorporarnos por él a la general nuevamente, alcanzando la carretera de la costa de Luanco a Candás. En bajamar se une con la anterior.

Otros
Desembocadura fluvial. Isla del Carmen y la ensenada de Aramar es sitio histórico protegido. Antiguo astillero Anselmo Artime. Amplia oferta turística de Luanco. Yacimiento arqueológico del Mesolítico. Importantes colonias de invertebrados marinos.

Servicios
Aparcamiento, duchas, bar de temporada y área de pícnic.

Actividad óptima
Pesca recreativa.

Recomendaciones
Pasar en bajamar a la isla del Carmen.

Playa de El Carmen

Datos generales Latitud: 43.609047
Longitud: -5.780354

Cala situada en la localidad de Aramar. Presenta forma lineal con una longitud de 100 m y una anchura media de 5 m. En entorno rural, de peligrosidad media. Sus fáciles accesos peatonales al lecho de rocas son rodados, inferiores a 0,5 km. Sus grados de ocupación y urbanización son bajos.

Cómo llegar sin GPS El núcleo más cercano es Aramar. Se utiliza el mismo acceso que para la vecina Aramar, pues se encuentra a apenas 100 m de esta. En bajamar se podría pasar a la isla sobre la que se encuentra la capilla del Carmen, conocida como peña Cercada. Un corto camino a través del prado y un descenso con la ayuda de una cuerda en sus metros iniciales nos llevarán a su seno. En su vertiente oriental se ve cerrada por una prominente elevación rocosa que podremos salvar en bajamar y que hace que su extensión se duplique.

Otros Isla del Carmen y la ensenada de Aramar es sitio histórico protegido.

Servicios Área de pícnic y aparcamiento.

Actividad óptima Pesca submarina y pesca recreativa.

Recomendaciones Si la mar ha estado agitada, sus aguas serán muy turbias.

Playa de Gargantera

Datos generales Latitud: 43.606406
Longitud: -5.776534

Playa de poca asistencia y forma de concha ubicada en Antromero. Su longitud es de 200 m y tiene una anchura media de 17 m, en un entorno rural de peligrosidad baja. Sus fáciles accesos son peatonales e inferiores a 0,5 km. El lecho lo forman numerosos afloramientos rocosos y gravas y arenas doradas de grano medio. Su grado de urbanización es bajo.

Cómo llegar sin GPS Accederemos a la playa de Gargantera tomando en Antromero la desviación que indica playa de San Pedro. Una vez llegados a la primera bifurcación, nos introduciremos por la carretera indicada como cortada que nos llevará hasta el aparcamiento de la playa del Bigaral, o de Cristal. Bajando hacia ella, giraremos al oeste a través de un sendero marcado en la pradería unos 30 m, y al final del que deberemos bajar por las rocas. Una vez atravesado el lineal pedrero que la cierra en su vertiente este, habremos llegado. Existe otro acceso a través del camino que abre el pequeño arroyo situado en su vertiente más oriental, aunque su utilización es prácticamente nula.

Otros Desembocadura fluvial. Paseo costero hasta San Pedro. Yacimiento geológico-paleontológico con materiales devónicos y cretácicos.

Servicios Ninguno.

Actividad óptima Pesca submarina y pesca recreativa.

Recomendaciones Descenso peligroso en su tramo final, cuidado.

Playa de Cristal

Datos generales Latitud: 43.60594
Longitud: -5.772629

Playa de poca asistencia situada en la localidad de Antromero. Esta es una concha que tiene una longitud de 160 m y una anchura media de 42 m. El entorno es rural y su peligrosidad es baja. Su acceso es rodado, siendo su último tramo peatonal de unos 80 m. Su composición es mixta, con escasa presencia de arenas doradas de grano medio, al amparo de un grado de urbanización bajo.

Cómo llegar sin GPS El núcleo más cercano es Antromero. Para llegar hasta la playa de Cristal, conocida también como El Bigaral, se utiliza el mismo acceso que para la anterior, con la diferencia de que no nos desviaremos hacia ningún sitio por los senderos. Antiguamente se encontraba aquí un vertedero de residuos sólidos con gran presencia de botellas de vidrio, que la acción de las mareas fragmentó y pulimentó dando lugar al peculiar aspecto de su lecho. Por otra parte, la gran presencia de bígaros en sus inmediaciones, le dan su otro nombre. Rodeando esta playa hacia el este, encontraremos restos de la maquinaria usada para la extracción de ocle.

Otros *Camping* próximo. Paseo costero hasta San Pedro y luminosidad de su particular lecho en días de sol.

Servicios Aparcamiento y *camping* próximo.

Actividad óptima Pesca submarina y pesca recreativa.

Recomendaciones Cuidado al efectuar la bajada, no recomendable para niños.

Playas de La Fuentina, El Cuerno y El Sombrao

Datos generales Latitud: 43.605256
Longitud: -5.769238

Calas con forma de concha en la localidad de Antromero. Las dos primeras tienen una longitud de 15 m y una anchura media de 8 m; en cambio la tercera alcanza los 120 m de largo y 30 m de anchura. Se encuentran en un entorno rural de peligrosidad baja, sus accesos son fáciles y peatonales, inferiores a 0,5 km. La composición es mixta para las tres, a base de cantos y afloramientos rocosos. Sus grados de ocupación y urbanización son bajos.

Cómo llegar sin GPS La Fuentina, primera de las playas desde el oeste, es una pequeña cala situada a medio camino entre El Bigaral y San Pedro, por la costa, y prácticamente enfrente del islote de la Isla. El Cuerno marca la vertiente occidental de la playa de San Pedro, y a continuación se encuentra la extensa playa de El Sombrao, con sus peculiares y llamativos orificios en las rocas.

Otros *Camping* próximo. El Cuerno y El Sombrao se unen en bajamar. Paseo costero hasta San Pedro.

Servicios Ninguno.

Actividad óptima Inmersiones en la Isla de Antromero y pesca recreativa.

Recomendaciones Cuidado en días de mar agitada.

Playa de San Pedro de Antromero

Datos generales Latitud: 43.601745
Longitud: -5.772114

Playa de poca asistencia situada en Antromero. Su forma de concha, con una longitud de 325 m y una anchura media de 45 m, se encuentra en un entorno rural de peligrosidad baja y acceso rodado. El lecho marino es mixto, con abundancia de arenas doradas de grano fino sobre los afloramientos rocosos. Los grados de ocupación y urbanización son bajos.

Cómo llegar sin GPS El acceso está perfectamente indicado en la carretera de la costa que une Candás con Luanco, a la altura de Antromero. Del aparcamiento a la playa hay unos 80 m de cómoda bajada en rampa. Destaca por su situación el gran abrigo que proporciona de los vientos, dada su orientación este. En su margen oriental desemboca el arroyo del Pielgo, a través de unas caprichosas rocas a modo de sierra.

Otros *Camping* próximo, desembocadura fluvial y rampas al mar. Alto valor geológico por sus afloramientos rocosos conocidas como *flysch* de San Pedro de Antromero (corrientes que remueven los sedimentos dentro del agua, originando una densa suspensión de agua turbia). Yacimiento geológico-paleontológico (de origen carbonífero y cretácico) y yacimiento arqueológico del Paleolítico antiguo. Proximidad a las villas marineras de Candás y Luanco.

Servicios Aparcamiento.

Actividad óptima Inmersiones en la isla de Antromero.

Recomendaciones Se inunda con las pleamares, hay que tenerlo en cuenta.

Playas de Carreño

- La capital es Candás. El concejo de Carreño está formado por doce parroquias que son: Albandi, Ambás, Candás, Carrió, El Valle, Guimarán, Logrezana, Perlora, Pervera, Piedeloro, Prendes y Tamón.
- Carreño está situado en el centro de la zona costera de Asturias y se encuentra limitado por Corvera al oeste; por Gozón y el mar Cantábrico, al norte; por el mar Cantábrico y Gijón, al este, y por Gijón de nuevo, al sur.

Qué puedes visitar en el concejo:

- Dólmenes en el monte Areo.
- Ambás: iglesia parroquial de Ambás (s. XVIII).
- Candás: casa de Cuervo Arango, Centro de Escultura Museo Antón, ermita de San Roque (fundada en el s. XVI), iglesia de San Félix (estilo neobarroco del s. XVIII), mirador sobre el puerto, mirador de La Formiga, palacio de los Muñiz Carreño, Aula del Neolítico de Carreño, monte Areo, Museo de Pintura al Aire Libre y mercadillo los sábados.
- Candás, faro de Candás en el cabo San Antonio (latitud: 43.594378 y longitud: -5.761084).
- Carrió: palacio de los Bernaldo de Quirós.
- Guimarán: casona de los González Villar (s. XIX).
- Logrezana: castro de Barrera, iglesia de Santa María de Logrezana, palacio de los Carreño-Alas.
- Perlora: áreas recreativas de Huelgues y Carranques.
- Pervera: iglesia de San Juan de Pervera.
- Piedeloro: iglesia de Santa María de Piedeloro.
- Prendes: Torruxón de Prendes (s. XV).
- Senda norte, de Aboño a Xivares.
- Senda norte El Tranqueru, de Perlora a Xivares.
- Senda norte, de San Antonio a Piñeres.
- 1 de agosto, Candás: Festival de la Sardina, Fiesta de Interés Turístico Regional.

Playa de La Taluxa

Datos generales Latitud: 43.598761
Longitud: -5.770011

Esta playa en forma de concha con poca asistencia presenta una longitud de 60 m y una anchura media de 20 m, en un entorno rural de peligrosidad media. Sus fáciles accesos son peatonales e inferiores a 0,5 km. Su lecho es mixto, con arenas doradas de grano medio. Los grados de ocupación y urbanización son bajos.

Cómo llegar sin GPS A esta pequeña playa se accede desde la carretera de la costa que une Luanco y Candás, a la altura de Antromero, tomando la desviación a Proyecto Hombre. Tras sus instalaciones, e inmediatamente a la derecha, se encuentra el descenso a esta playa. Destacamos una pequeña cala situada a 50 m y conocida como El Pisón, por ser lugar habitual de pesca recreativa. Junto a la playa se encuentran restos de una polea para extraer ocle.

Otros En bajamar se une con la playa de San Pedro. Proximidad a la oferta turística de Luanco y Candás.

Servicios Aparcamiento mínimo.

Actividad óptima Pesca recreativa.

Recomendaciones No es necesario atravesar la escuela de Proyecto Hombre, hay un camino paralelo.

Playa de Rebolleres

Datos generales Latitud: 43.595156
Longitud: -5.767608

Playa compuesta de tres calas con forma de ensenada en la localidad de Candás. Sus 120 m de longitud, con una anchura media de 20 m, se encuentran en un entorno residencial de peligrosidad media. Sus accesos son regulares y peatonales, e inferiores a 0,5 km. Su composición es mixta, con escasa presencia de arenas. Su grado de ocupación es bajo.

Cómo llegar sin GPS Se accede a este espacio habitualmente desde la parte alta de Candás, concretamente desde el cementerio de esta localidad. También se ha habilitado otro acceso tras tomar la desviación hacia la izquierda en la iglesia y avanzar en dirección oeste hasta la costa, lugar reformado hace poco tiempo. En las cercanías se encuentra el faro de Candás, a donde nos podemos dirigir a través de una bonita zona verde situada en las inmediaciones. Sus dos calas anexas llevan el nombre de El Redondel y El Sequero.

Otros Faro de Candás en el cabo San Antonio (latitud: 43.594378 y longitud: -5.761084). Senda Norte, de San Antonio a Piñeres. Oferta de ocio y turismo de Candás.

Servicios Ninguno.

Actividad óptima Pesca recreativa e inmersiones de buceo en el cabo San Antonio.

Recomendaciones Paseo hasta la villa marinera de Candás.

Monstruos marinos 10 de agosto del 2005, *Regalecus glesne* de 2 metros.
3 de mayo del 2006, otros dos ejemplares de la misma especie.

Playa de La Pérgola

Datos generales Latitud: 43.589639
Longitud: -5.763123

Playa en primera línea de la localidad de Candás. Se trata de una concha donde se encuentra la rampa del puerto, con una longitud de 35 m y una anchura media de 15 m. Dentro de un entorno urbano de peligrosidad baja y acceso rodado. Su lecho está compuesto de finas arenas tostadas y registra un grado de ocupación alto.

Cómo llegar sin GPS Es la playa de Candás, acondicionada como embarcadero, con sus flamantes pantalanes. Se encuentra junto a la zona de bares del paseo del puerto y al abrigo de un acantilado.

Otros Rampas al mar. Puerto deportivo y pesquero. Senda norte, de San Antonio a Piñeres. Inicio del paseo marítimo hasta Perlora. Oferta turística de Candás.

Actividad óptima Embarcadero.

Recomendaciones Efectuar el paseo marítimo hasta Perlora. Pesca recreativa desde el nuevo puerto.

Playa de Candás

Datos generales Latitud: 43.589639
Longitud: -5.763123

Playa de poca asistencia localizada en Candás. Su forma es de concha, con una longitud de 140 m y una anchura media de 80 m, al amparo de un entorno residencial de peligrosidad baja. Los accesos son rodados a sus finas arenas doradas.

Cómo llegar sin GPS Esta es la primera playa que divisamos cuando llegamos desde Candás hasta el mar. No suele ser frecuentada para el baño debido a la salida del colector que presenta a sus espaldas, que, si bien se tapa durante los meses estivales, suele emitir malos olores. En la misma playa se encuentran dos formaciones rocosas: La Farola, antiguo faro vigía de los pescadores, y la Peña Furada. Su margen oriental está cerrada por el espigón que la separa de la playa de La Palmera.

Otros Desembocadura fluvial. Faro de Candás en el cabo San Antonio. Paseo marítimo hasta Perlora. Oferta turística de Candás.

Servicios Aparcamiento y restaurantes.

Actividad óptima Baño, dadas sus calmadas aguas.

Recomendaciones Cuidado con los niños por la proximidad a la carretera general.

Monstruos marinos 3 de julio 1969, Candás: primera referencia de calamares gigantes en Asturias, ejemplar de 162 kg.
10 de agosto del 2005, pez remo de 2 m de longitud.

Playa de La Palmera

Datos generales Latitud: 43.587525
Longitud: -5.761127

Playa rectilínea, de asistencia masiva durante toda la época estival y/o alto riesgo ante una situación de emergencia, en la localidad de Candás. Su longitud es de 100 m y tiene una anchura media de 70 m; se encuentra en un entorno residencial de peligrosidad baja. Su acceso es rodado a finas arenas doradas.

Cómo llegar sin GPS Un bonito paseo marítimo la circunda y nos llevará desde Candás hasta la vecina ciudad residencial de Perlora. El aparcamiento cercano es pequeño, así como su zona de uso; este último dato la convierte en una playa masificada.

Otros *Camping* cercano en Perán y Perlora. Oferta turística de Candás.

Servicios Equipo de vigilancia, agua potable, duchas, servicio de limpieza, papeleras, aparcamiento y restaurantes. Disposición de *anfibuggy* para personas con movilidad reducida de mediados de junio a mediados de septiembre, en horario laboral y bajo cita previa.

Actividad óptima Pesca recreativa en el pedrero que comienza en la margen derecha.

Recomendaciones Evitar el baño en las proximidades de la siguiente playa, dada la presencia de numerosos afloramientos rocosos.

Playa de Perán

Datos generales Latitud: 43.582007
Longitud: -5.755892

Aunque la ensenada de Perán se encuentra al otro lado del *camping*, la playa conocida como tal es el pedrero perteneciente a Candás. De forma rectangular, presenta una longitud de 150 m y una anchura media de 80 m. El entorno es urbano con un grado de peligrosidad y de ocupación bajos. Los accesos son rodados a un lecho mixto con escasa presencia de arenas y numerosas rocas y afloramientos rocosos.

Cómo llegar sin GPS La ensenada en sí se encuentra entre Candás y Perlora, y se trata de un entorno portuario y de marismas. La playa a la que nos referimos se encuentra al final de la playa de La Palmera, y separada de esta tan solo por una gran roca, desde donde arranca el pedrero en dirección oeste. Se encuentra generalmente bastante sucia, ya que no existe servicio de limpieza y a veces se perciben fuertes olores.

Otros *Camping* próximo y desembocadura fluvial. En bajamar se une con la playa de La Palmera. Oferta turística de Candás. Paseo marítimo de Candás hasta Perlora.

Servicios Restaurantes en las cercanías.

Actividad óptima Pesca recreativa.

Recomendaciones Paseo que une la ciudad residencial de Perlora con Candás. Evitar el baño.

Playa de Perlora

Datos generales Latitud: 43.582132
Longitud: -5.751901

Playa de asistencia masiva durante el fin de semana en la localidad de Perlora. Su forma es de concha y tiene una longitud de 190 m y una anchura media de 40 m. El entorno es residencial y su peligrosidad es baja, con un grado de urbanización alto. El acceso es rodado a un lecho de finas arenas tostadas con presencia de numerosas y grandes rocas.

Cómo llegar sin GPS Conocida tradicionalmente como playa de Güelgues. Se encuentra en la zona residencial de Perlora; nada más entrar en el complejo, a la izquierda. Suele estar resguardada de los embates de la mar, dada la presencia de las rocas que sobresalen de las aguas.

Otros *Camping* próximo. Senda norte El Tranqueru, de Perlora a Xivares. Paseo marítimo hasta Candás.

Servicios Equipo de vigilancia, duchas, área de pícnic, servicio de limpieza, papeleras, aparcamiento y restaurantes.

Actividad óptima Inmersiones de buceo. Pesca submarina. Pesca recreativa.

Recomendaciones Cuidado con las rocas sumergidas durante el baño.

Playas de Los Curas y Carranques

Datos generales Latitud: 43.580919
Longitud: -5.744669

Los Curas y Carranques son dos playas casi contiguas en la ciudad residencial de Perlora. La de Los Curas tiene una longitud de 15 m y una anchura media de 5 m. Y Carranques, 210 m de largo y 65 m de anchura media. Ambas tienen forma de concha, con presencia de arenas tostadas de grano medio. Sus entornos son residenciales. El grado de ocupación es bajo para la primera y alto para la segunda.

Cómo llegar sin GPS Ambas playas se encuentran tras atravesar el recinto residencial de Perlora. Carranques será nuestra primera vista, quedando Los Curas a unos 200 m hacia el oeste, justo frente a la isla. Carranques se encuentra partida en dos pequeñas conchas, casi de igual longitud, que separa un promontorio y tras su aparcamiento encontraremos un *camping.*

Otros *Camping* próximo. Desaparecen ambas, prácticamente en su totalidad, durante las pleamares. Senda norte El Tranqueru, de Perlora a Xivares. Paseo marítimo hasta Candás. Hermosas zonas verdes y áreas recreativas.

Servicios Equipo de vigilancia, duchas, área de pícnic, servicio de limpieza, papeleras, restaurantes y aparcamiento para Carranques. Área de pícnic para Los Curas.

Actividad óptima Pesca submarina y pesca recreativa en Los Curas.

Recomendaciones Precaución con las rocas sumergidas si decidimos bañarnos en Los Curas.

Playa de El Tranqueru

Datos generales
Latitud: 43.575681
Longitud: -5.738361

Playa de poca asistencia y forma de concha, en la localidad de Albandi. El Tranqueru se extiende a lo largo de 220 m y una anchura media de 20 m. Se encuentra en un entorno rural de peligrosidad baja. Los fáciles accesos son peatonales e inferiores a 0,5 km a un lecho de doradas arenas de grano medio. Los grados de ocupación y urbanización son bajos.

Cómo llegar sin GPS
Esta playa está situada en una abierta ensenada muy próxima a la urbanización de Xivares, a la que se accede fácilmente a pie por la senda costera que avanza desde la ciudad residencial de Perlora. Otro acceso se encuentra desde la localidad de Albandi, también peatonal. El Tranqueru está formado por tres pequeñas ensenadas que se unen en pleamar, todas ellas de arena, y rodeadas de un bello entorno pleno de vegetación.

Otros
Posibilidad de llevar a su mascota. Senda norte El Tranqueru, de Perlora a Xivares.

Servicios
Ninguno.

Actividad óptima
Naturismo, pesca submarina y pesca recreativa.

Recomendaciones
Cuidado con las pleamares, podríamos quedarnos atrapados.

Playas de Xivares, Peña María y Aboño

Datos generales Latitud: 43.569385
Longitud: -5.721753

Playa rectilínea de asistencia masiva y/o alto riesgo, situada en la localidad de Albandi. Su longitud es de 800 m y su anchura media es de 60 m. Se encuentra en un entorno rural de peligrosidad media al que se accede de forma rodada. Está compuesta de finas arenas doradas, y su grado de urbanización es bajo.

Cómo llegar sin GPS Esta gran playa se ve dividida en tres con tan solo una diferencia, el nombre. La parte más próxima a la urbanización de Xivares es denominada de igual forma. La siguiente cala es conocida como 2ª de Xivares, o Peña María, y la que muere junto a la ría de Aboño, los últimos 350 m, como playa de Aboño.

Otros Comparten características y forman un extenso arenal durante la bajamar. No suele ser frecuentada la de Aboño. Proximidad al monte Areo (dólmenes y áreas recreativas), a la Campa Torres y a la oferta de ocio de Gijón. Senda norte El Tranqueru, de Perlora a Xivares. Senda norte, de Aboño a Xivares.

Servicios Equipo de vigilancia, duchas, área de pícnic, servicio de limpieza, papeleras, aparcamiento y restaurantes para la primera. Disposición de *anfibuggy* para personas con movilidad reducida de mediados de junio a mediados de septiembre, en horario laboral y bajo cita previa.

Actividad óptima Surf playa de categoría 2 y pesca recreativa.

Recomendaciones Naturismo.

Playas de Gijón

175. Playa de El Arbeyal
176. Playa de Poniente
177. Playa de San Lorenzo
178. Playa de El Rinconín
179. Playa de Cervigón
180. Playa de Peñarrubia
181. Playas de Serín y La Cagonera
182. Playa de Estaño

- La capital es Gijón. El concejo de Gijón está formado por las siguientes parroquias: Baldornón, Bernueces, Cabueñes, Caldones, Cenero, Deva, Fano, Fresno, Gijón, Granda, Huerces, Lavandera, Leorio, La Pedrera, Poago, Porceyo, Ruedes, Santurio, Serín, Tacones, Vega y Veriña.
- Lo limitan el mar Cantábrico al norte; al sur, los concejos de Llanera, Siero y Sariego; al este, el de Villaviciosa, y los de Carreño y Corvera, al oeste.

Qué puedes visitar en el concejo:

- Cefontes: Monumento Natural de la Carbayera de Tragamón.
- Faro del cabo Torres en la Campa Torres (latitud: 43.571856 y longitud: -5.699307).
- Acuario de Poniente, barrio de pescadores de Cimadevilla, Casino de Asturias (Centro de Interpretación del Cine de Asturias), capillas de la Soledad, Nuestra Señora de los Remedios y de San Lorenzo, Colegiata de Revillagijedo, Conjunto de la Trinidad (formado por el palacio de los Jove-Huergo y la capilla de la Trinidad), Edificio del Agua, Elogio del Horizonte. Iglesias de San Pedro, Santa Eulalia de Baldornón, Nuestra Señora de Contrueces, San Vicente de Caldones y San Juan Bautista en Fano. Colegiata de San Juan. Palacios de Revillagigedo, de San Esteban del Mar (s. XVIII) y palacio Valdés. Parque Arqueológico Natural de la Campa Torres y Termas Romanas. Parque Isabel La Católica, planetario, plaza de toros, puerto deportivo, recinto ferial y pabellón de congresos. Semana Negra de Gijón, Teatro Jovellanos (s. XIX), villa romana de las Murias de Beloño, Jardín Botánico, Centro de Talasoterapia y rastro los domingos.
- Museos: Museo Casa Natal de Jovellanos, Museo de La Gaita, Centro de Experimentación Pesquera, museo del Ferrocarril, museo del Pueblo de Asturias, Museo Etnográfico del Pueblo de Asturias, Museo Evaristo Valle, Museo Juan Bartola y Museo Nicanor Piñole.
- Senda costera de El Cervigón, de San Lorenzo a La Ñora.
- Senda costera de Gijón, desde el puente de El Piles al Puerto Deportivo.
- Febrero: Antroxu (Carnaval) en Gijón y Avilés, Fiesta de Interés Turístico Regional.
- 3 de agosto, en Gijón. Día de Asturias, Fiesta de Interés Turístico Nacional.
- Del 29 al 31 de agosto, Gijón. Festival de la Sidra Natural, Fiesta de Interés Turístico Regional.

Playa de El Arbeyal

Datos generales Latitud: 43.54326
Longitud: -5.693579

Playa de asistencia masiva durante toda la época estival y/o alto riesgo ante una situación de emergencia. Se encuentra en la ciudad de Gijón. Tiene forma de concha, con una longitud de 110 m y una anchura media de 70 m. Se encuentra en un entorno industrial de peligrosidad baja. Se accede de forma rodada a sus tostadas arenas de grano grueso.

Cómo llegar sin GPS Esta playa es artificial, recuperada en el año 1994 con aportes de arena extraídos frente a la playa de El Tranqueru. Se encuentra al oeste de Gijón, en el barrio de La Calzada, y está rodeada por un extenso paseo, zonas ajardinadas y aparcamientos, para morir en un espigón que protege la playa del oleaje.

Otros Posibilidad de alquiler de lanchas a pedales y motos de agua. Casa del Agua y oferta de ocio de Gijón.

Servicios Equipo de vigilancia, duchas, área de pícnic, accesos para personas con movilidad reducida, servicio de limpieza, papeleras, aparcamiento y restaurantes.

Actividad óptima Patinaje y vóley-playa.

Recomendaciones Apta para toda la familia.

Playa de Poniente

Datos generales Latitud: 43.541642
Longitud: -5.673923

Playa de asistencia masiva en época estival y/o alto riesgo ante situación de emergencia. Se encuentra en Gijón. Presenta forma de concha con una longitud de 650 m y una anchura media de 40 m. De entorno urbano y peligrosidad baja. El acceso es rodado hasta el lecho de tostadas arenas de grano grueso.

Cómo llegar sin GPS Recuperada también en 1994 mediante aportes de arena extraídos de El Tranqueru, está situada al oeste del antiguo barrio de Cimadevilla y protegida en ambas márgenes por espigones. Está rodeada de un largo paseo que podemos emprender desde el Puerto Deportivo, parque de Cimadevilla, playa de San Lorenzo, Somió, hasta el parque de la Providencia sin necesidad de cruzar una sola calle.

Otros Zona reservada para la práctica de vóley-playa. Puerto Deportivo, acuario y casco antiguo de Cimadevilla. Oferta de ocio de Gijón. Senda costera de Gijón, desde el puente de El Piles al Puerto Deportivo.

Servicios Equipo de vigilancia, duchas, área de pícnic, accesos para personas con movilidad reducida, servicio de limpieza, papeleras, aparcamiento y restaurantes. Disposición de *anfibuggy* de mediados de junio a mediados de septiembre, en horario laboral y bajo cita previa.

Actividad óptima Baño, paseos, patinaje, vóley-playa, vela…

Recomendaciones Posibilidad de alquilar lanchas a pedales para dar un paseo por las tranquilas aguas.

Playa de San Lorenzo

Datos generales Latitud: 43.54046
Longitud: -5.654869

Playa con forma de concha y de asistencia masiva durante toda la época estival y/o alto riesgo ante una situación de emergencia, en la ciudad de Gijón. Su extensión es de 1500 m y su anchura media 110 m, en un entorno urbano de peligrosidad baja. Los accesos son múltiples y rodados a un lecho de arena tostada de grano fino.

Cómo llegar sin GPS La ciudad de Gijón rodea completamente este enclave que se extiende desde la iglesia de San Pedro (edificada sobre los restos de la ciudad romana de Gigia) hasta la desembocadura del río Piles. Su parte occidental tiene poca pendiente por lo que en marea alta se reduce enormemente.

Otros Desembocadura fluvial en su extremo oriental. Variada y amplia oferta turística y cultural de Gijón.

Servicios Equipo de vigilancia, duchas, accesos para personas con movilidad reducida, servicio de limpieza, papeleras, aparcamiento y restaurantes.

Actividad óptima Surf playa de categoría 2 y baño.

Recomendaciones Pasear, patinaje, vóley-playa, *windsurf,* surf, vela, moto náutica, fútbol playa.

Monstruos marinos 16 de septiembre 2002: calamar macho *Architeuthis dux* de 50 kg de peso y 6 metros de largo.
15 de julio 2005, tiburón peregrino en San Lorenzo de 250 kg y 3,73 metros.

Playa de El Rinconín

Datos generales Latitud: 43.543758
Longitud: -5.64414

Playa con forma de concha y de asistencia masiva los fines de
semana, localizada en la ciudad de Gijón. Tiene una longitud de
200 m y una anchura media de 10 m, en un entorno urbano. Su
peligrosidad es media y los accesos son rodados. El lecho es mixto y
lo forman afloramientos rocosos sobre arenas tostadas de grano fino.

Cómo llegar sin GPS También conocida por Los Mayanes, nombre que toma de las rocas
presentes. Sin embargo, los surfistas la conocen como El Mongol.
Esta playa se continúa con la playa de San Lorenzo, pudiendo ser
considerada parte de ella. En marea baja se descubre un extenso
pedrero víctima de la presión humana.

Otros Desembocadura fluvial. Zona de observación de aves próxima. Oferta
turística de Gijón. Senda costera de El Cervigón, de San Lorenzo a
La Ñora. Senda costera de Gijón, desde el puente de El Piles al
Puerto Deportivo.

Servicios Equipo de vigilancia, duchas, agua potable, servicio de limpieza,
papeleras, aparcamiento y restaurantes.

Actividad óptima Surf playa de categoría 1. Pasear, patinaje, vóley-playa, *windsurf,* surf,
vela, moto náutica, fútbol playa.

Recomendaciones Cuidado con las rocas durante el baño.

Monstruos marinos 1885, ballena en el Piles.
1895, ballena en la playa de El Rinconín.

Playa de Cervigón

Datos generales Latitud: 43.547926
Longitud: -5.639248

Pedrero localizado al este de la ciudad de Gijón. Presenta forma de concha con una longitud de 225 m y una anchura media de 10 m. El entorno es urbano y la peligrosidad del enclave es media. Sus fáciles accesos son rodados a un lecho mixto con multitud de afloramientos rocosos y arenas tostadas de grano grueso. Los grados de ocupación y urbanización son altos.

Cómo llegar sin GPS La zona residencial de Somió se encuentra muy cercana, al igual que el parque homónimo. La zona es tranquila y abrigada, tanto del viento como del oleaje. Por esta playa se continúa el largo paseo litoral de casi 7 km.

Otros Desembocadura fluvial. Proximidad al parque de Isabel La Católica, paseo marítimo y oferta de ocio de Gijón. Senda costera de El Cervigón, de San Lorenzo a La Ñora.

Servicios Equipo de vigilancia, duchas, área de pícnic, agua potable, servicio de limpieza, papeleras, aparcamiento y restaurantes.

Actividad óptima Pesca recreativa e inmersiones de buceo.

Recomendaciones Cuidado con el fuerte oleaje que a menudo presenta.

Monstruos marinos 25 de agosto 1901, primera noticia de un pulpo gigante en Asturias.

Playa de Peñarrubia

Datos generales Latitud: 43.550477
Longitud: -5.626287

Playa de asistencia masiva durante el fin de semana, en la ciudad de Gijón. Se extiende a lo largo de 550 m, siendo su anchura media de 15 m. El entorno es residencial de peligrosidad media. Los fáciles accesos a un lecho de finas arenas tostadas son peatonales e inferiores a 0,5 km. El grado de urbanización es bajo.

Cómo llegar sin GPS Son núcleos cercanos La Cueva, La Providencia y Gijón. Se encuentra rodeada de altos acantilados y, dada su orientación, se convierte en sombría durante las mañanas. El acceso se efectúa en coche hasta el aparcamiento de Peñarrubia, y desde este hay que bajar por unas escaleras hasta la arena. El paseo litoral discurre por sus acantilados hasta alcanzar el parque de la Providencia.

Otros Aguas muy tranquilas habitualmente. Proximidad al parque de Isabel La Católica, paseo marítimo y oferta de ocio de Gijón. Senda costera de El Cervigón, de San Lorenzo a La Ñora.

Servicios Equipo de vigilancia, duchas, servicio de limpieza, papeleras, aparcamiento y restaurantes.

Actividad óptima Naturismo e inmersiones de buceo.

Recomendaciones Cuidado con las rocas en ambos extremos durante el baño.

Monstruos marinos 14 de febrero 1988, una orca en la playa.

Playas de Serín y La Cagonera

Datos generales Latitud: 43.550539
Longitud: -5.611439

Serín es una playa rectilínea de poca asistencia, situada en la localidad de La Providencia. La Cagonera es su continuación, con forma de pequeña concha de 75 m. La longitud de Serín es de 450 m y su anchura media de 25 m. Ambas, en un entorno rural de peligrosidad media. Los fáciles accesos son peatonales e inferiores a 1 km para la segunda, pero complicados para la primera (generalmente marítimos). Su lecho está compuesto de arenas tostadas de grano grueso con rocas dispersas. El grado de ocupación es medio y el de urbanización, bajo.

Cómo llegar sin GPS El acceso a La Cagonera se efectúa desde la carretera de La Providencia, a través de un largo camino vecinal, hasta llegar a la zona por la que comenzaremos a descender a la playa. Cruzando el arenal en dirección oeste, tras pasar los pequeños afloramientos rocosos, se esconde Serín. A la playa de Serín se accede además desde el cabo San Lorenzo, por un camino junto al acantilado que encontraremos tras pasar la isla de la Tortuga. Serín se encuentra debajo del hotel que hay detrás de la ermita de Nuestra Señora de La Providencia.

Otros Las sombras cubren rápidamente este enclave.

Servicios Ninguno.

Actividad óptima Naturismo y pesca submarina.

Recomendaciones Paraje extremadamente tranquilo.

Playa de Estaño

Datos generales   Latitud: 43.547895
Longitud: -5.59865

Playa de asistencia masiva durante el fin de semana, situada en el alto de Somió. La concha que la forma tiene una longitud de 320 m y una anchura media de 17 m. Su entorno es rural y consideradada de peligrosidad alta. Los accesos son rodados desde La Providencia a un lecho mixto con presencia de finas arenas tostadas. El grado de urbanización es bajo.

Cómo llegar sin GPS   Son núcleos cercanos La Providencia y Quintueles. El acceso desde el reducido aparcamiento, al que accederemos desde La Providencia o Quintueles, se completa en su tramo final con un pequeño entablado. A simple vista presenta una enorme roca que la divide en dos, divisando en la parte occidental el Pozo del Cura (piscina natural en el roquedo), mientras en la oriental observaremos que el sol desaparece con gran celeridad.

Otros   Desembocadura fluvial.

Servicios   Equipo de vigilancia, duchas, área de pícnic, servicio de limpieza, papeleras y aparcamiento.

Actividad óptima   Pesca submarina, pesca recreativa e inmersiones de buceo.

Recomendaciones   Precaución durante el baño, suele presentar fuerte oleaje y corrientes.

Costa Oriental
(Villaviciosa - Ribadedeva)

Playas de Villaviciosa

183. Playa de La Ñora
184. Playa de España
185. Playa de Merón
186. Playa de Tazones
187. Playas de El Puntal y Bonome
188. Playa de Misiego
189. Playa de Rodiles
190. Playa de Conejera

- La capital es Villaviciosa. El concejo está formado por las parroquias de Amandi, Ambás, Argüero, Arnín, Arroes, Bedriñana, Breceña, El Busto, Camoca, Candanal, Carda, Careñes, Castiello, Cazanes, Celada, Coro, Fuentes, Grases, La Llera, Lugás, La Magdalena, San Martín del Mar, Miravalles, Niévares, Oles, Peón, Priesca, Puelles, Quintes, Quintueles, Rales, Rozadas, San Justo, Santa Eugenia, Selorio, Tazones, Tornón, Valdebárzana, Vallés, Villaverde la Marina y Villaviciosa.
- Al norte limita con el mar Cantábrico; al sur, con los concejos de Sariego, Nava, Cabranes y Piloña; al este, con Colunga, y al oeste, con Gijón.

Qué puedes visitar en el concejo:

- El Puntal: Centro de Interpretación de la Reserva Natural Parcial de la Ría de Villaviciosa.
- Fuentes: iglesia de San Salvador (s. XIII), Monumento Histórico-Artístico.
- Iglesias románicas en Amandi, Bedriñana, Camoca, Coro, Lugás, Lloraza, Priesca (referencia del Prerrománico), Sariegomuerto (alto del Pedrosu) y Valdebárcena.
- Priesca: iglesia de San Salvador, levantada en tiempos de Alfonso III el Magno (año 921).
- San Juan de Amandi: iglesia románica (s. XIII, reformada en los siglos XVII y XVIII).
- Sietes: iglesia de San Emeterio (1555) y Casa del Hórreo de Sietes.
- Tazones: barrio de San Roque y yacimientos de la era jurásica superior y conjunto histórico.
- Faro de Tazones en la punta de Tazones. Latitud: 43.547754 y longitud: -5.399029.
- Villaviciosa: iglesias de Santa María de la Oliva, Santa María de Lugás (s. XIII), Santa María Magdalena de Los Pandos, parroquial de San Francisco (s. XVII), la capilla de la Concepción y el palacio de la Torre (s. XIII y XIV), capilla de la Concepción (s. XVII), casa de Valdés (barroca), casa de José Caveda y Nava (s. XVIII), teatro Riera, casco antiguo (valor artístico e histórico), estatua de La Manzanera y mercadillo los miércoles. Reserva Natural de la Ría de Villaviciosa.
- Valdediós: monasterio de Santa Marta la Real (s. XIII) e iglesia prerrománica de San Salvador, declarada Patrimonio de la Humanidad por la Unesco (s. IX, XII, XVI, XVII y XVIII).
- Senda costera de El Cervigón, de San Lorenzo a La Ñora.
- Septiembre: segundo fin de semana de septiembre, de carácter bianual, en Villaviciosa, Fiesta de la Manzana, declarada de Interés Turístico Regional.

Playa de La Ñora

Datos generales
Latitud: 43.547117
Longitud: -5.590024

Playa triangular de asistencia masiva y/o alto riesgo, en la localidad de Peñucal. Su longitud es de 250 m y tiene una anchura media de 70 m, en un entorno rural de peligrosidad alta. Los accesos son rodados hasta el lecho de finas arenas tostadas, con un grado de urbanización bajo.

Cómo llegar sin GPS
Esta playa marca el límite entre los concejos de Gijón y Villaviciosa (parroquia de Quintueles), estando el acceso bien indicado en la carretera N-632, desde la que se encuentra a unos 4 km. Llegaremos hasta este enclave en coche desde Quintueles, o bien caminando desde el mirador situado en La Providencia. La Ñora está rodeada de altos montes que provocan la rápida presencia de sombras en la playa, y en la que desemboca el río homónimo. En medio de la playa se encuentra una gran roca que provoca corrientes bastante peligrosas en días de mar agitada.

Otros
Desembocadura fluvial. Senda que nos lleva hasta el mirador.

Servicios
Equipo de vigilancia, duchas, área de pícnic, servicio de limpieza, papeleras, aparcamiento y restaurantes.

Actividad óptima
Pesca submarina y pesca recreativa.

Recomendaciones
Precaución durante el baño, suele presentar fuerte oleaje.

Playa de España

Datos generales   Latitud: 43.544442
Longitud: -5.529342

Playa de asistencia masiva y/o alto riesgo, en la localidad de
Villaverde. Tiene forma de concha y se extiende a lo largo de 175 m,
con una anchura media de 47 m y un grado de urbanización medio.
El entorno es rural y su peligrosidad es alta, siendo sus accesos
rodados. Está compuesta de forma mixta, con presencia de finas
arenas tostadas junto a cantos y afloramientos rocosos.

Cómo llegar sin GPS   Son núcleos cercanos Santana y Villaverde. El acceso se efectúa
desde dos puntos de la N-632, desde el desvío a Granderroble y
desde la curva anterior a la subida a Venta de las Ranas, ambos
perfectamente indicados. El lecho de esta playa, en la que vierte sus
aguas el río España, se ve muy reducido durante las pleamares.

Otros   Desembocadura fluvial.

Servicios   Equipo de vigilancia, duchas, área de pícnic, servicio de limpieza,
papeleras, aparcamiento y restaurantes.

Actividad óptima   Surf playa de categoría 1 e inmersiones de buceo.

Recomendaciones   Fondos muy bonitos para disfrutar con el esnórquel.

Monstruos marinos   23 de enero 2004, sardina gigante de 69 cm y 4,4 kg.

Playa de Merón

Datos generales   Latitud: 43.543649
Longitud: -5.494323

Playa de asistencia masiva durante los fines de semana, en Careñes. Es una concha con una longitud de 200 m y una anchura media de 90 m. El entorno es rural de peligrosidad alta. Los accesos son rodados al lecho de finas arenas tostadas y el grado de urbanización es bajo.

Cómo llegar sin GPS   Merón se encuentra situada al oeste de la punta de la Entornada. Para llegar a ella podemos utilizar dos formas de acceso tras abandonar la N-632. La primera se efectúa desde Argüero y es rodado. La segunda se realiza desde Careñes, desde donde tendremos que andar durante 30 minuntos a través de un bosque de eucaliptos. El acceso se completa con una cuesta de asfalto de 1200 m de longitud, que finaliza en un aparcamiento de tierra junto a los cantos rodados. Existe una amplia zona verde que podemos aprovechar durante las pleamares.

Otros   *Camping* próximo y desembocadura fluvial. Cercanía al castro del Cerco de la Barquerona. Iglesia de Santa Cecilia (s. XIII) en Careñes.

Servicios   Equipo de vigilancia, área de pícnic, servicio de limpieza y aparcamiento.

Actividad óptima   Naturismo. Pesca submarina y pesca recreativa.

Recomendaciones   Apta para toda la familia.

Monstruos marinos   29 de diciembre 2009, rorcual de 22 toneladas y 15 metros.

Playa de Tazones

Datos generales   Latitud: 43.544644
Longitud: -5.399909

Asistencia masiva durante los fines de semana, en Villaviciosa. Tazones es una concha que se extiende a lo largo de unos 200 m con una anchura media de 30 m. Su entorno es urbano y su peligrosidad baja. El acceso es rodado a un lecho mixto con escasa presencia de afloramientos rocosos y numerosas arenas oscuras de grano fino. El grado de ocupación es medio y el de urbanización es alto.

Cómo llegar sin GPS   A Tazones llegaremos con facilidad desde la N-632 y tomando dirección Villaviciosa. En esta localidad seguiremos la bien indicada carretera de la costa que pasa junto a El Puntal y se dirige a Gijón. Tras atravesar el pueblo de Tazones, morirá la carretera en el puerto y la playa.

Otros   Desembocadura fluvial. Acantilados de gran valor geológico y huellas de dinosaurio en la margen oriental. Barrio de San Roque y yacimientos de la era jurásica superior y conjunto histórico en Tazones. Faro de Tazones en la punta de Tazones (latitud: 43.547754 y longitud: -5.399029).

Servicios   Equipo de vigilancia, duchas, servicio de limpieza, aparcamiento y restaurantes.

Actividad óptima   Pesca submarina a la izquierda y pesca recreativa.

Recomendaciones   Disfrutar de la oferta gastronómica de la zona.

Monstruos marinos   En el año 2007, captura de un *Trachipterus arcticus*.

Playas de El Puntal y Bonome

Datos generales Latitud: 43.529338
Longitud: -5.388

Situadas en la localidad de San Martín del Mar, El Puntal tiene forma de concha a lo largo de 150 m, mientras Bonome presenta 100 m en disposición lineal. La anchura media es de 30 y 5 m, respectivamente. El entorno es rural de peligrosidad alta, por la proximidad a la ría de Villaviciosa, con accesos rodados. El Puntal tiene un lecho mixto de finas arenas tostadas con afloramientos rocosos, y Bonome de sedimentos y arena. El grado de urbanización es medio para ambas. El Puntal es una playa de asistencia masiva los fines de semana.

Cómo llegar sin GPS El Puntal y Bonome se encuentran entre Tazones (a unos 5 km) y Villaviciosa. El Puntal queda aislado de la ría por un espigón. Al frente se observa la playa de Rodiles y un frondoso eucaliptal. Bonome está dentro de la ría, solo es visible en marea baja, quedando aislada mediante un dique. La isla que hay en medio de la ría es un criadero de aves, a la que está prohibido acceder.

Otros Desembocadura fluvial. Perfecta zona de observación de aves. Interesantes restos fósiles. Reserva Natural Parcial de la Ría de Villaviciosa. Proximidad al Centro de Interpretación de la Ría de Villaviciosa y a Tazones.

Servicios Equipo de vigilancia, duchas, área de pícnic, servicio de limpieza, papeleras, aparcamiento y restaurantes (para El Puntal).

Actividad óptima Pesca recreativa.

Recomendaciones Ideal para la práctica de la pesca desde el pedrero de El Puntal.

Playa de Misiego

Datos generales Latitud: 43.521637
Longitud: -5.382185

Playa rectilínea y de asistencia masiva durante los fines de semana, que encontraremos en la localidad de Selorio. Presenta una longitud de 1100 m y una anchura media de 150 m, al amparo de un entorno residencial de peligrosidad baja. El acceso es rodado hasta el lecho de finas arenas oscuras. Su grado de urbanización es bajo.

Cómo llegar sin GPS Misiego se encuentra en el lado oriental de la ría de Villaviciosa. Para llegar aquí deberemos tomar la desviación situada a mano izquierda, justo donde se encuentra un lavadero con una enorme palmera, tras cruzar Olivares y antes de llegar a Rodiles. También podemos llegar a ella desde la vecina playa de Rodiles, donde dejaremos atrás varios *campings*. Misiego está formada en su totalidad por una zona de marismas, lo que repercute en que sus dimensiones varíen enormemente en función de las mareas.

Otros *Camping* próximo y desembocadura fluvial. Espacio protegido declarado Reserva Natural Parcial. Perfecta zona de observación de aves. Oferta turística y cultural de Villaviciosa.

Servicios Equipo de vigilancia.

Actividad óptima Baño y piragüismo.

Recomendaciones Prohibido mariscar en todo su entorno.

Playa de Rodiles

Datos generales Latitud: 43.532527
Longitud: -5.382442

Asistencia masiva en época estival y/o alto riesgo ante emergencia, en Selorio. Su forma es rectilínea a lo largo de 1000 m, con una anchura media de 290 m, en un entorno rural de peligrosidad alta. Los accesos son rodados al lecho de finas arenas tostadas, y su grado de urbanización es medio.

Cómo llegar sin GPS Rodiles está ubicada en el lado más oriental de la ría de Villaviciosa, con un acceso bien indicado en la autopista (salida 353). La playa se encuentra separada de la ría, en su margen oeste, por un espigón sobre el que discurre un paseo y frente al que se encuentran las mejores olas para el surf. En la parte trasera se aglomeran pequeñas dunas de arena y una gran zona verde repleta de coníferas, eucaliptos y mesas recreativas. Al este, muere en la falda de un acantilado, en la base del que se encuentra un estrecho y alargado pedrero.

Otros *Camping* próximo y desembocadura fluvial. Valores paisajísticos y ecológicos. Oferta turística y cultural de Villaviciosa.

Servicios Equipo de vigilancia, duchas, área de pícnic, agua potable, servicio de limpieza, papeleras, aparcamientos y restaurantes. Disponibilidad de *anfibuggy* para personas con movilidad reducida de mediados de junio a mediados de septiembre, en horario laboral y bajo cita previa.

Actividad óptima Surf playa de categoría 3.

Recomendaciones Playa para toda la familia.

Playa de Conejera

Datos generales Latitud: 43.532963
Longitud: -5.36665

Pedrero con forma de concha y de poca asistencia, en Selorio. Tiene una longitud de 175 m y una anchura media de 10 m, en un entorno rural cuya peligrosidad es media. El acceso a sus inmediaciones es rodado, con el último tramo peatonal de dificultad baja. El lecho está compuesto por numerosos cantos y oscuras arenas de grano fino. Su grado de urbanización es bajo.

Cómo llegar sin GPS Son núcleos cercanos Selorio y Villar. El acceso no se encuentra indicado, aunque resulta muy fácil llegar hasta Conejera. Una vez llegados al primer aparcamiento de tierra de Rodiles, en la margen este, continuamos hasta las instalaciones de una depuradora, y pasaremos por su lateral izquierdo, a través de una pista de tierra, que finaliza en un pequeño acantilado. Encontraremos así este paraje rodeado de altos acantilados que la convierten en sombría, visitado tan solo por esporádicos pescadores y amantes del surf.

Otros Posibilidad de llevar a su mascota. Proximidad a Rodiles y a Villaviciosa.

Servicios Ninguno.

Actividad óptima Pesca submarina y pesca recreativa.

Recomendaciones Ideal para pesca con caña.

Playas de Colunga

Forman parte del Monumento Natural de Yacimientos de Icnitas de la costa centro-oriental

191. Playa de L'Escanu
192. Playa de Lastres
193. Playa de La Griega
194. Playas de La Isla y El Barrigón

- La capital es Colunga, siendo muy visitada la localidad de Lastres. El concejo de Colunga está formado por las parroquias de Carrandi, Colunga, Gobiendes, La Isla, La Llera, La Riera, Lastres, Libardón, Lue, Pernús, Pivierda, Sales y San Juan de Duz.
- Limita al norte con el mar Cantábrico; al sur, con Parres y Piloña; al este, con Caravia, y al oeste, con Villaviciosa.

Qué puedes visitar en el concejo:

- Bueño: palacio de Bueño.
- Coceña: casería asturiana e iglesia de Santa Lucía.
- Colunga: capillas de Loreto (s. xvii) y de Santa Ana (s. xviii), iglesia de San Cristóbal el Real (s. xix), palacio Estrada, casa de los Alonso Covián (s. xvi) y mercadillo los jueves.
- Faro de Lastres en la punta de Tazones (latitud: 43.534113 y longitud: -5.298500).
- Gobiendes: casa de los Pablos, Centro de Interpretación del Sueve, iglesia de Santa María de La Isla e iglesia de Santiago (s. ix y monumento nacional), palacio de Gobiendes.
- Lastres: a pocos kilómetros, el mirador del Fito; villa marinera, capillas de San Roque y del Buen Suceso (s. xvi), crucero situado junto a la iglesia de Sábada, iglesias de San Cristóbal y de Santa María de Sábada (s. xviii), conjunto histórico y barrio de casas blasonadas, torre del Reloj (s. xviii), área recreativa de San Roque y puerto pesquero y deportivo.
- Luces: palacio de Luces.
- Lue: hermosas casas de piedra y antiguos hórreos.
- Majada de Espineres, en Libardón.
- Museo del Jurásico de Asturias, MUJA.
- Parque Natural de la Sierra del Sueve.
- Ruta entre playas PR. AS-134, de La Griega a la playa de La Isla.

Playa de L'Escanu

Datos generales Latitud: 43.515008
Longitud: -5.268459

Playa rectilínea de carácter portuario, en la localidad de Lastres. Se extiende a lo largo de una longitud de 100 m y una anchura media de 10 m, bajo un entorno urbano de peligrosidad baja. El acceso es rodado hasta el lecho de finas arenas doradas, siendo su grado de ocupación bajo.

Cómo llegar sin GPS Dentro la localidad de Lastres, con acceso desde la AS-257 por la N-632 (salidas 346 o 337 de la A-8), L'Escanu se encuentra situado al abrigo del puerto, datando su existencia desde la construcción de este, ya que las mareas han ido conformando posteriormente este enclave. Los accesos al arenal se realizan mediante una corta escalera practicada en la roca desde el camino del puerto, o bien desde una escalerilla en el propio muro. Dada su orientación este y el abrigo de la propia villa marinera de Lastres, se ve envuelta en sombras a media tarde.

Otros Oferta turística de Lastres. Proximidad al Museo del Jurásico de Asturias, MUJA. Palacio de Luces.

Servicios Ninguno.

Actividad óptima Pesca recreativa y salidas de inmersiones de buceo desde el puerto deportivo.

Recomendaciones No se recomienda el baño dada la proximidad al puerto.

Playa de Lastres

Datos generales Latitud: 43.507227
Longitud: -5.27082

Playa rectilínea y de asistencia masiva durante los fines de semana, en la localidad de Lastres. Su longitud es de 300 m y su anchura media de 27 m. El entorno es urbano de peligrosidad baja, siendo el acceso rodado. Está compuesta por dispersos afloramientos rocosos y numerosas arenas doradas de grano fino. Su grado de urbanización es medio.

Cómo llegar sin GPS Son núcleos cercanos Lastres y La Griega. El acceso a esta playa, conocida también como El Astillero o Astuero (nombre del arroyo que aquí desemboca), lo encontraremos en la carretera que une Lastres y Colunga. Se efectúa mediante un empinado camino que nos conducirá hasta un pequeño aparcamiento.

Otros Desembocadura fluvial. El abrigo de acantilados hace que los rayos de sol la ensombrezcan con rapidez. Formaciones del Jurásico Superior. Oferta turística de Lastres y Colunga. Proximidad al Museo del Jurásico, el MUJA.

Servicios Equipo de vigilancia, aparcamiento y restaurantes.

Actividad óptima Pesca submarina a la izquierda y pesca recreativa.

Recomendaciones No se recomienda el baño junto a la desembocadura del arroyo.

Monstruos marinos 20 de febrero 2008, rorcual aliblanco de 11 metros y 19 toneladas.

Playa de La Griega

Datos generales Latitud: 43.500317
Longitud: -5.261936

Playa de asistencia masiva y/o alto riesgo, en Lastres. Esta concha, de entorno rural, tiene una longitud de 820 m y una anchura media de 82 m. Su peligrosidad es media, debido a las corrientes que se generan en la desembocadura del río, siendo sus accesos rodados. Gruesas arenas doradas la inundan por completo, con un grado de urbanización medio.

Cómo llegar sin GPS Se accede por la AS-257 desde la N-632 (salida 337 de la A-8). También conocida como La Cabaña del Mar, desemboca en ella el río Llibardón dividiéndola en dos. Esta circunstancia ha sido subsanada en beneficio del usuario con la construcción de un puente tras el *camping* de la playa.

Otros Fósiles jurásicos: las icnitas aquí presentes son de las mayores del mundo. Oferta turística y arquitectónica de Colunga y Gobiendes. Proximidad al Museo del Jurásico de Asturias y al Parque Natural de la Sierra del Sueve. Faro de Lastres, en la punta de Tazones.

Servicios Equipo de vigilancia, *camping* próximo, duchas, agua potable, servicio de limpieza, papeleras, aparcamiento y restaurantes.

Actividad óptima Pesca submarina a la derecha y pesca recreativa.

Recomendaciones Visitar dichos fósiles en la margen oriental.

Monstruos marinos 13 de septiembre 2002, calamar gigante de 140 kg.
29 de septiembre del 2006, millones de bocartes llegan en masa a la costa.

Playas de La Isla y El Barrigón

Datos generales Latitud: 43.479643
Longitud: -5.225286

La Isla es una playa de asistencia masiva durante época estival y/o alto riesgo en situación de emergencia, siendo El Barrigón su continuación hacia el este, ambas en La Isla. Tienen forma de concha, con arenas doradas de grano grueso y algunos afloramientos rocosos. La longitud total de La Isla es de 800 m, con una anchura media de 50 m; los últimos 150 m son agregados en bajamar por El Barrigón. Los accesos son rodados para un enclave cuyo grado de urbanización es alto sobre un entorno residencial.

Cómo llegar sin GPS Se accede desde la pequeña urbanización residencial homónima construida alrededor de la playa, a la cual se llega por la N-632 desde la salida 337 de la A-8. Toma su nombre de la gran roca situada en medio de la bahía (El Peñón), a la que se puede acceder fácilmente aprovechando las bajamares.

Otros Paseo marítimo y proximidad al Mirador del Fito. Oferta arquitectónica de Coceña y Gobiendes. Proximidad al Parque Natural de la Sierra del Sueve.

Servicios Equipo de vigilancia, duchas, servicio de limpieza, papeleras, aparcamiento y restaurantes.

Actividad óptima Inmersiones de buceo.

Recomendaciones Pesca recreativa.

Monstruos marinos 15 de septiembre 2002, calamar gigante en La Isla de 90 kg.

Playas de Caravia

- La capital es Prado, siendo la localidad más visitada Caravia. El concejo de Caravia está formado por seis parroquias que son: Caravia Alta (Prado), Caravia Baja (Duesos), Carrales, El Collado, Valle y Duyos.
- Su superficie limita al norte con el mar Cantábrico; al sur, con el concejo de Parres, al este, con Ribadesella, y al oeste, con Colunga.

Qué puedes visitar en el concejo:

- Caravia baja: iglesia parroquial de Santiago (s. xvii), La Raposería, Centro de Interpretación de la Cultura Castreña del Oriente de Asturias y la estela de Duesos.
- Carrales: casa de los Pando, típico ejemplo de casona rural asturiana (s. xvii).
- El Fito: área recreativa, Parque Nacional y Centro de Interpretación de la Flora y Fauna del Sueve.
- Prado: conjunto palacial de los González Cutre o finca de Las Mieres (s. xvii), casona de San Lorenzo (s. xviii) y numerosas casonas indianas.
- Valle: iglesia de Nuestra Señora de la Consolación, capilla de Santa Bárbara y escuelas (s. xviii).
- Senda costera E-9, desde La Espasa hasta el arenal de Morís.

Playas de La Espasa y El Pozo de las Pipas

Datos generales Latitud: 43.473788
Longitud: -5.215459

La Espasa es una playa de forma triangular en la localidad homónima. La asistencia es masiva y/o de alto riesgo. Presenta una longitud total de 1150 m y una anchura media de 60 m; los últimos 400 m corresponden a El Pozo de las Pipas. Su entorno es urbano y su peligrosidad media, con accesos rodados. Está compuesta de arenas doradas de grano fino. Tiene un grado de urbanización medio.

Cómo llegar sin GPS Se encuentra al pie de la N-632, entre las localidades de Duesos y El Barrigón, tomando las salidas 337 o 330 desde la A-8. Tras un bajo promontorio rocoso, al este, se puede acceder en bajamar a El Pozo de las Pipas, siendo también posible en ocasiones pasar a la playa de El Viso. Tras La Espasa se encuentra un completo parque con zona de aparcamiento, y la circunda la senda que avanza desde La Espasa al arenal de Morís.

Otros *Camping* próximo y desembocadura fluvial. Senda costera E-9, desde La Espasa hasta el arenal de Morís. El Fito: Parque Nacional y Centro de Interpretación de la Flora y Fauna del Sueve.

Servicios Equipo de vigilancia, duchas, área de pícnic, accesos para personas con movilidad reducida, servicio de limpieza, papeleras, aparcamiento y restaurantes. Oferta turística de Prado, Valle y Caravia.

Actividad óptima Senderismo.

Recomendaciones Playa para toda la familia.

Playas de El Viso y Beciella

Datos generales Latitud: 43.475408
Longitud: -5.199451

El Viso es una playa de poca asistencia que encontraremos en la localidad de Duesos. Se trata de una concha con una longitud de 275 m y una anchura media de 50 m, al abrigo de los acantilados de peña Forada. A continuación se extiende Beciella, con 170 m de longitud. La primera se encuentra en un entorno aislado cuya peligrosidad es media con sus fáciles accesos peatonales e inferiores a 0,5 km. Está compuesta de finas arenas doradas con numerosos afloramientos rocosos y su grado de urbanización es bajo. A la segunda, con forma de concha, la inundan las arenas por completo, y su acceso es rodado.

Cómo llegar sin GPS Se llega a este enclave desde el paseo peatonal que parte de la playa de La Espasa, en la zona oriental del arenal, que cuenta con amplio aparcamiento de tierra junto a un chiringuito que abre en época estival.

Otros Desembocadura fluvial en Beciella. Senda costera E-9, desde La Espasa hasta el arenal de Morís. El Fito: Parque Nacional y Centro de Interpretación de la Flora y Fauna del Sueve. Oferta turística de Prado, Valle y Caravia.

Servicios Ninguno.

Actividad óptima Pesca submarina a la derecha de Beciella, pesca recreativa y senderismo.

Recomendaciones Cuidado con las rocas durante el baño en El Viso.

Arenal de Morís

Datos generales Latitud: 43.474287
Longitud: -5.176449

Playa de asistencia masiva y/o alto riesgo, en la localidad de Prado. Su concha tiene una longitud de 775 m y una anchura media de 65 m, al amparo de un entorno rural cuya peligrosidad es media. Sus accesos son rodados a un lecho mixto con predominancia de arenas doradas de grano fino. Su grado de urbanización es medio.

Cómo llegar sin GPS Se accede por el cruce junto a la iglesia de Caravia Alta, desde la N-632 tras tomar la salida 330 de la A-8. El buen acceso rodado y sus servicios, junto a la calidad de sus aguas, la han convertido en marcada zona de disfrute. Al este queda encerrada por la punta de La Braniella, que hace las veces de divisor con el vecino concejo de Caravia, y al oeste se encuentran numerosas praderías sobre la punta Escalar, que la separa de la playa de Beciella.

Otros *Camping* próximo y desembocadura fluvial. Senda costera E-9, desde La Espasa hasta el arenal de Morís. El Fito: Parque Nacional y Centro de Interpretación de la Flora y Fauna del Sueve. Oferta turística de Prado y Valle.

Servicios Equipo de vigilancia, duchas, área de pícnic, servicio de limpieza, papeleras, aparcamiento y restaurantes.

Actividad óptima Surf playa de categoría 1 y pesca submarina a la izquierda.

Recomendaciones Ideal para surfear.

Playas de Ribadesella

198. Playa de El Portiello
199. Playas de Berbes, Vega y La Sierra
200. Playa de Tereñes
201. Playa de Santa Marina
202. Playa de La Atalaya
203. Playa de Arra

El Cachucho, Área Marina Protegida y Zona Especial de Conservación en la Demarcación Marina Noratlántica, se localiza a unos 65 km de la costa asturiana de Ribadesella. El concejo forma parte del Monumento Natural de Yacimientos de Icnitas de la Costa Centro/Oriental.

- La capital es Ribadesella. El concejo de Ribadesella está formado por diez parroquias que son: Berbes, Collera, Junco, Leces, Linares, Moro, Ribadesella, Santa María, Santianes y Ucio.
- Limita al norte con el mar Cantábrico; al sur, con los concejos de Cangas de Onís y Parres; al este, con Llanes, y al oeste, con Caravia.

Qué puedes visitar en el concejo:

- Alea: palacio de Alea y capilla de San Román.
- Ardines: área recreativa.
- Junco: iglesia románica de Santa María de Junco (s. XII), Cuevona y torre de Junco.
- Monumento Natural de Entrepeñas y la playa de Vega.
- Parque Natural de la Sierra del Sueve.
- Ribadesella: Aula de Prehistoria, casa-palacio de Prieto Collado, palacio de Prieto Cutre (s. XVI), capillas de la Virgen de La Guía (s. XVI) y de San Ildefonso, casa de indianos junto a la playa de La Atalaya, cuevas de Tito Bustillo y Ardines, iglesia parroquial de Santa María Magdalena, murales de Mingote, Museo del Territorio de Ribadesella, paseo de la Grúa, torre de La Atalaya y mercadillo los miércoles. Faro de Somos en la punta de El Horno (latitud: 43.472698 y longitud: -5.082635).
- Sebreño: palacio de Sebreño.
- Tereñes: formaciones del Jurásico superior.
- Vega: capilla de la Magdalena y capilla de Santa Rita; formaciones del Jurásico superior.
- Primer sábado de agosto, Arriondas y Ribadesella: Descenso Internacional del Sella, Fiesta de Interés Turístico Internacional.

Playa de El Portiello

Datos generales Latitud: 43.477027
Longitud: -5.162072

Pedrero de forma triangular que encontremos en la localidad de Berbes. Presenta una longitud de 25 m y una anchura media de 9 m y su entorno es rural, con grado de peligrosidad medio. Su acceso es fácil y peatonal, inferior a 0,5 km. La formación del lecho es mixta, con alternancia de cantos y afloramientos rocosos. Los grados de ocupación y urbanización son bajos.

Cómo llegar sin GPS Encontraremos el acceso a este enclave tras salir de Berbes en dirección a Ribadesella por la carretera de la costa. Se trata de la única pista que parte hacia el norte nada más salir de Berbes, justo en el único punto desde el que podremos ver el mar en la distancia. Deberemos dejar el vehículo al poco de entrar en esta pista y caminar unos 900 m evitando entrar en las bifurcaciones que se extienden a derecha e izquierda. Tras dejar atrás dos cercados de hierro, habremos llegado a El Portiello.

Otros Desembocadura fluvial. Restos de antiguo lavadero de mineral.

Servicios Ninguno.

Actividad óptima Pesca submarina y pesca recreativa.

Recomendaciones Se desaconseja el baño.

Playas de Berbes, Vega y La Sierra

Datos generales Latitud: 43.47737
Longitud: -5.149455
Categoría 1 – Asistencia masiva y/o alto riesgo para Vega.

Berbes y Vega presentan forma lineal, 400 m de longitud la primera y una de anchura de 25 m; la segunda, 1200 m de longitud y 15 m de anchura. El pedrero de Sierra, una longitud de 200 m y 40 m de anchura. El entorno de Berbes y Vega es rural, y virgen el de Sierra; las tres con peligrosidad media. Los accesos son rodados excepto para Sierra. Arenas tostadas y de grano fino para las tres. El grado de ocupación y urbanización para Berbes y Sierra es bajo, y el de urbanización medio para Vega.

Cómo llegar sin GPS Tomando la salida 326 de la A-8 para alcanzar la N-632 en dirección Caravia, nos desviaremos a los 1,2 km en dirección al pueblo de Vega, junto al cual se encuentra el arenal. Vega se encuentra separada de Berbes por un promontorio de rocas, y al este la cierran la punta y la cala de Sierra. El acceso a Sierra se efectúa a través de la playa de Vega durante las bajamares, o a través de un difícil camino que baja por el acantilado.

Otros La playa de Vega y el desfiladero de Entrepeñas han sido declarados Monumento Natural.

Servicios Equipo de vigilancia, duchas, servicio de limpieza, papeleras, aparcamiento, *camping* y restaurantes en Vega.

Actividad óptima Naturismo en Berbes, surf playa de categoría 1 en Vega y pesca.

Recomendaciones Cuidado con los resbaladizos accesos a Berbes y las afiladas rocas en Sierra. Prohibido aparcar en la zona dunar de Vega.

Playa de Tereñes

Datos generales Latitud: 43.474256
Longitud: -5.101132

Pedrero de forma triangular situado en la localidad de Tereñes. Se extiende a lo largo de 750 m y su anchura media es de 75 m. Se encuentra situado en un entorno virgen y su peligrosidad es alta. Sus fáciles accesos son peatonales, inferiores a 1 km. Su composición es mixta, con pequeñas zonas de arenas oscuras de grano grueso. Los grados de ocupación y urbanización son bajos.

Cómo llegar sin GPS Desde el extremo occidental de la localidad de Tereñes parte una carretera estrecha en dirección a Abéu, donde se encuentran también señalizados los acantilados de Tereñes. A 180 metros de esta señalización en el cruce, la pista de tierra que se abre a la derecha nos llevará a algunos de los mejores ejemplos de huellas tridáctilas de la costa de Asturias. Al final de la pista el acceso se traduce en una escalera con plataforma metálica, en la que se debe extremar la precaución, dado su estado actual.

Otros Sombrío por la mañana y soleado por la tarde. Huellas de dinosaurio en la vertiente este. Faro de Somos en la punta de El Horno (latitud: 43.472698 y longitud: -5.082635). Tereñes: formaciones del Jurásico superior. Palacio de Sebreño.

Servicios Ninguno.

Actividad óptima Pesca submarina y pesca recreativa.

Recomendaciones Rocas muy resbaladizas, cuidado.

Playa de Santa Marina

Datos generales Latitud: 43.465255
Longitud: -5.07062

Playa de asistencia masiva durante época estival y/o alto riesgo
ante situación de emergencia, en Ribadesella. Forma de concha, con
una longitud de 1200 m y anchura media de 40 m. Entorno urbano
y peligrosidad media. Los accesos son rodados a un lecho de finas
arenas tostadas. Su grado de urbanización es alto.

Cómo llegar sin GPS Se accede a Ribadesella por la N-632 tras tomar las salidas 326 o
319 desde la A-8. Santa Marina, playa por excelencia de Ribadesella,
está perfectamente señalizada y se adentra en la ría, junto al monte
Cordero, al amparo de las aguas del río Sella. En su vertiente
occidental se ve limitada por un largo pedrero, situado bajo el monte
Somos, que puede recorrerse en marea baja hasta Tereñes.

Otros *Camping* próximo y desembocadura fluvial. En el pedrero, en la
zona conocida como la punta del Pozo, se encuentran huellas de
dinosaurio (icnitas) y el rastro de cuadrúpedos visible en las paredes
del acantilado. Oferta turística de Ribadesella y Junco.

Servicios Equipo de vigilancia, duchas, servicio de limpieza, papeleras,
aparcamiento y restaurantes. Disposición de *anfibuggy* para personas
con movilidad reducida de mediados de junio a mediados de
septiembre, en horario laboral y bajo cita previa.

Actividad óptima Surf playa de categoría 2. Pesca submarina a la izquierda y pesca
recreativa.

Recomendaciones Muy peligrosa la natación en las inmediaciones de la ría, precaución.

Playa de La Atalaya

Datos generales Latitud: 43.463822
Longitud: -5.055513

Playa de asistencia masiva durante los fines de semana, en la
localidad de Ribadesella. Su forma es de concha y se extiende
a lo largo de 100 m con una anchura media de 30 m. El entorno
es residencial, su peligrosidad es alta, con accesos rodados. Su
composición es mixta, con numerosos afloramientos rocosos y
pocas arenas tostadas de grano medio. El grado de urbanización
es medio.

Cómo llegar sin GPS Para llegar a esta playa deberemos atravesar la población de
Ribadesella (ver ficha anterior), paralelamente al paseo Princesa
Letizia, hasta llegar a la glorieta de la Rula. Giraremos a la
derecha y llegaremos a un parque en el que, a unos 100 m, nos
encontraremos con el acceso a través de una rampa empedrada.

Otros A la izquierda del parque mencionado parte uno de los accesos
al paseo que nos llevará hasta la ermita de La Guía (vistas
panorámicas sobre la ría); el otro se encuentra en el paseo hasta
la bocana del puerto. Sobre la vertiente oriental de la playa, avanza
un sendero que nos llevará hasta la punta del Aberdil.
Oferta de turismo de Ribadesella.

Servicios Equipo de vigilancia, duchas, servicio de limpieza, papeleras y
restaurantes.

Actividad óptima Pesca recreativa.

Recomendaciones Cuidado con las cortantes rocas durante el baño.

Playa de Arra

Datos generales Latitud: 43.461143
Longitud: -5.039291

Playa alargada y de poca asistencia, en Toriello. Se extiende a lo largo de 450 m y su anchura media es de 12 m, en un entorno rural de peligrosidad media. El fácil acceso es peatonal, inferior a 0,5 km, hasta un lecho mixto de cantos rodados y arenas tostadas de grano grueso. El grado de urbanización es bajo.

Cómo llegar sin GPS El acceso se efectúa a través de la AS-379, aproximadamente 1,3 km desde Ribadesella en dirección a Llanes, por medio de un desvío a la izquierda señalizado como parte del Camino de Santiago. Esta estrecha carretera muere 500 m más adelante, frente a un conjunto de cuatro casas, donde deberemos dejar el coche. Detrás de ellas parte un sendero hasta los acantilados, que bordearemos hacia el oeste hasta dar con el sendero de bajada, inicialmente escalonado, pero finalizando en un desprendimiento fruto de la erosión que únicamente puede salvarse con la ayuda de las cuerdas instaladas por los lugareños.

Otros En bajamar se crean dos piscinas naturales conocidas como el Pozu del Cura y el Pozu del Maestru. Proximidad a los acantilados del Infierno y a la oferta de turismo de Ribadesella.

Servicios Área de pícnic próxima.

Actividad óptima Pesca submarina y pesca recreativa.

Recomendaciones Procurar no cortar el paso con el aparcamiento del vehículo.

Playas de Llanes

- La capital es Llanes. El concejo está formado por Andrín, Ardisana, Barro, La Borbolla, Caldueño, Los Callejos, Carranzo, Los Carriles, Celorio, Cue, Hontoria, Llanes, Malatería, Meré, Naves, Nueva, Parres, Pendueles, Poo, Porrúa, Posada, Pría, Purón, Rales, San Roque del Acebal, Tresgrandas, Vibaño y Vidiago.
- Limita al norte con el mar Cantábrico; al sur, con Cangas de Onís, Cabrales, Peñamellera Alta y Peñamellera Baja; al oeste y al este, con Ribadesella y Ribadedeva, respectivamente.

Qué puedes visitar en el concejo:

- Llanes: villa histórica con muralla y torreón medieval, Aula del Mar, cubos de *La Memoria* de Ibarrola, paseo de San Pedro, puerto deportivo, puerto pesquero, área recreativa de Tieves y mercadillo los lunes.
- Faro de Llanes (latitud: 43.420891 y longitud: -4.751919).
- Nueva de Llanes: palacio del conde de la Vega del Sella, mercadillo los sábados.
- Parres: pinturas prehistóricas.
- Porrúa: Museo Etnográfico del Oriente.
- Posada y Balmori: pinturas y arte prehistórico en cuevas repartidas a lo largo del concejo: cuevas de El Penicial y La Riera del período Asturiense.
- Posada de Llanes: mercadillo los viernes.
- Puertas de Vidiago: bufones de Arenillas. Bufones en numerosos lugares de Llanes. Aula e Ídolo de Peña Tú (grabados y pinturas en roca de la Edad del Bronce).
- Senda costera E-9, de Bustio a Pendueles.
- Senda costera E-9, de Pendueles a Llanes.

204. Playa de Guadamía
205. Playa de La Canal
206. Playa de Cuevas del Mar
207. Playa de San Antonio
208. Playas de La Huelga y La Canalina
209. Playa de Gulpiyuri
210. Playa de San Antolín
211. Playa de Pestaña
212. Playa de Torimbia
213. Playas de Sovalle, Valle y Niembro
214. Playa de La Entrada
215. Playas de Xiglú y Barro
216. Playa de Sorraos
217. Playa de Troenzo
218. Playa de La Tayada
219. Playa de Borizo
220. Playa de Palombina
221. Playas de Las Cámaras y de Los Curas
222. Playa de la Nixón
223. Playa de la Ermita de San Martín
224. Playa de San Martín y Portillu
225. Playas de La Isla y Almenada
226. Playa de Poo
227. Playa de El Sablón
228. Playa de Puerto Chico
229. Playa de Toró
230. Playa de Portiello de Cue o playa de Los Curas
231. Playa de Cue
232. Playa de Ballota
233. Playa de Andrín
234. Playa de Purón
235. Playa de Vidiago
236. Playa de Pendueles
237. Playas de Entremares y de Buelna
238. Playa de La Presa
239. Playa de Cobijeru
240. Playa de La Acacia

Playa de Guadamía

Datos generales Latitud: 43.45619
Longitud: -4.98157

Playa de poca asistencia y forma irregular, situada en la localidad de Llames de Pría. Tiene una longitud media de 100 m con grandes diferencias entre la pleamar y la bajamar, y una anchura media de 120 m, en un entorno rural de peligrosidad baja. El acceso es rodado hasta las inmediaciones de un lecho de finas arenas blancas. Su grado de urbanización es medio.

Cómo llegar sin GPS El acceso se efectúa desde la AS-379 en dirección Llames de Pría (salida 312 de la A-8). Desde el pueblo parte un camino hacia esta playa y los famosos bufones de Pría. También se la conoce como La Aguada, dada la tranquilidad de sus aguas encauzadas por un largo cañón, que sirve de divisor entre los concejos de Llanes y Ribadesella, y contiene la desembocadura del río Guadamía.

Otros Desembocadura fluvial y *camping* próximo. Acantilados calizos y numerosas cuevas y oquedades, que han configurado los famosos bufones de Pría. Ruta de los bufones PR. AS-57. Área recreativa de Guadamía, a la izquierda de la desembocadura del río.

Servicios Únicamente la limpieza de playas (el aparcamiento se efectúa en la carretera de acceso).

Actividad óptima Pesca recreativa.

Recomendaciones Visitar los bufones situados en el Bramadoriu, hacia el este, y la bonita área recreativa de Guadamía.

Playa de La Canal

Datos generales Latitud: 43.458776
Longitud: -4.945049

Playa situada en la localidad de Villanueva de Pría. Su forma es alargada en perpendicular respecto a la línea del horizonte, longitud de 20 m y una anchura media de 50 m. Su entorno es virgen y de peligrosidad baja. Sus fáciles accesos son peatonales e inferiores a 0,5 km. Está compuesta de arenas doradas de grano medio con presencia de afloramientos rocosos. Los grados de ocupación y urbanización son bajos.

Cómo llegar sin GPS Villanueva de Pría se alcanza por medio de la LLN-17, tomando la salida 312 de la A-8 y enlazando con esta carretera por medio de la AS-379 en dirección a Nueva, desviándose posteriormente a Garaña. Habremos de aparcar en el centro del pueblo, pues la pista que lleva a la playa es de acceso rodado restringido. Esta pista tiene unos 900 m de longitud y se encuentra señalizada.

Otros Posibilidad de llevar a su mascota. Villahormes: palacio de la Espiella (s. XVII). Bufón de Villahormes.

Servicios Ninguno.

Actividad óptima Pesca recreativa.

Recomendaciones Visitar los bufones situados en el Bramadoriu, hacia el este.

Playa de Cuevas del Mar

Datos generales Latitud: 43.456252
Longitud: -4.93784

Asistencia masiva los fines de semana en Nueva. Se extiende en forma triangular a lo largo de 125 m, con una anchura media de 47 m. El entorno es rural de peligrosidad media y sus accesos son rodados. El lecho es de finas arenas blancas y una pequeña presencia de cantos rodados. Tiene un grado de urbanización bajo.

Cómo llegar sin GPS Son núcleos cercanos Nueva, Cuevas y Villanueva. Para llegar a Cuevas del Mar, deberemos abandonar la A-8 por la salida 312 en dirección a Nueva. Dentro de esta localidad encontraremos las señalizaciones que llevan a la playa. Deberemos pasar a través de un estrecho y corto túnel para alcanzar el aparcamiento, junto al arenal donde desemboca el río de Nueva.

Otros Área de pícnic y desembocadura fluvial. Bonitos parajes formados por acantilados calizos y repletos de multitud de cuevas y oquedades. Posibilidad de practicar escalada deportiva en las afloraciones rocosas de la playa. Nueva de Llanes: palacio del conde de la Vega del Sella y mercadillo los sábados.

Servicios Equipo de vigilancia, servicio de limpieza, duchas, papeleras, aparcamiento y restaurante.

Actividad óptima Pesca recreativa y baño.

Recomendaciones Senda que parte de la zona este de la playa hasta la ermita y playa de San Antonio.

Playa de San Antonio

Datos generales Latitud: 43.451797
Longitud: -4.904966

Playa de poca asistencia con forma de concha en la localidad de
Nueva. Su longitud es de 70 m y su anchura media de 47 m. Se
encuentra en un entorno virgen de peligrosidad baja. Sus fáciles
accesos al lecho de finas arenas de tonos amarillos son peatonales
e inferiores a 0,5 km. Tiene un grado de urbanización bajo.

Cómo llegar sin GPS Son núcleos cercanos las localidades de Picones y Cuevas.
San Antonio se encuentra al abrigo de altos acantilados y verdes
praderías. Seguiremos las indicaciones señaladas para llegar a
la playa de Cuevas del Mar. Desde el propio arenal arranca una
pista de unos 600 m que nos conducirá hasta un cruce junto a dos
edificaciones agrícolas, que deberemos sobrepasar en dirección al
mar en busca de la senda que lleva a esta cala.

Otros Posibilidad de llevar a su mascota. Proximidad a la ermita de
San Antonio, sobre el acantilado occidental.

Servicios Ninguno.

Actividad óptima Pesca submarina.

Recomendaciones Recorrer los acantilados entre la ermita y la playa de Cuevas del
Mar.

Playas de La Huelga y La Canalina

Datos generales Latitud: 43.448433
Longitud: -4.895868

La Huelga es una playa de poca asistencia y forma triangular, en Villahormes. Inmediatamente al este, se encuentra la playa de La Canalina. La primera tiene una longitud de 180 m y una anchura media de 60 m, y unos 12 m de largo y anchura de 8 m la segunda. Entorno rural y peligrosidad media. El acceso es rodado hasta las arenas de grano fino para La Huelga, y peatonal e inferior a 0,5 km para La Canalina. Los grados de ocupación y urbanización son bajos.

Cómo llegar sin GPS Para llegar a La Huelga deberemos tomar la salida 306 de la A-8 viniendo desde Llanes. El cruce que, tras esta salida, nos devuelve a la autopista o enlaza con la AS-379, posee a la derecha una estrecha pista de tierra que desciende a lo largo de 50 m hasta una pequeña zona de aparcamiento, desde la que es necesario caminar durante 1 km hacia el oeste, paralelos a la autopista y obviando el desvío hacia Gulpiyuri.

Otros Desembocadura fluvial y área de pícnic próxima. La Canalina desaparece por completo en las pleamares. Castro Molina. Islote del castro de las Gaviotas.

Servicios Limpieza de playas, aparcamiento y restaurantes próximos para La Huelga.

Actividad óptima Pesca submarina y pesca recreativa.

Recomendaciones Cuidado con las corrientes.

Playa de Gulpiyuri

Datos generales Latitud: 43.447124
Longitud: -4.886856

Playa semicircular y de poca asistencia situada en la localidad de
Naves. La longitud de este enclave es de 50 m y su anchura media
es de 120 m. El entorno es rural, de peligrosidad baja. Se accede
de forma peatonal, por una pista de -0,5 km al lecho de finas arenas
blancas. Los grados de ocupación y urbanización son bajos.

Cómo llegar sin GPS Abandonaremos la autopista A-8 por la salida 306, enlazando con la
AS-379 en dirección Posada. Tras 1 km llegaremos al aparcamiento
de la playa de San Antolín. Estacionando aquí y pasando por un
cortísimo túnel bajo las vías de tren, que habremos dejado atrás y
a nuestra izquierda, tendremos que cubrir a pie los últimos 2 km
de senda. Es posible también seguir las indicaciones especificadas
para la playa de La Huelga, lo que acorta el paseo pero complica el
estacionamiento.

Otros Está situada a unos 100 m tierra adentro de la costa (dolina) y
aislada de la superficie del mar abierto, aunque se ve conectada
con el mar mediante una caverna. A través de ella se inunda y vacía
con todas las mareas. Declarada Monumento Natural. Villahormes:
palacio de la Espiella (s. XVII).

Servicios Ninguno.

Actividad óptima Baño y contemplación paisajística.

Recomendaciones Es posible adentrarse nadando en la caverna y salir a mar abierto.

Playa de San Antolín

Datos generales Latitud: 43.442762
Longitud: -4.868445

Playa de asistencia masiva durante toda la época estival y/o alto riesgo ante una situación de emergencia. Se encuentra en la localidad de Naves. Presenta una forma lineal, con una longitud de 1200 m y una anchura media de 60 m, en un entorno rural de peligrosidad media. El acceso es rodado hasta un lecho mixto compuesto de cantos rodados y abundantes arenas blancas de grano medio. El grado de urbanización es bajo.

Cómo llegar sin GPS El núcleo poblacional más cercano es Naves. Abandonaremos la autopista A-8 por la salida 306, enlazando con la AS-379 en dirección Posada. Tras 1 km, llegaremos al amplio aparcamiento de la playa de San Antolín, la más extensa del concejo de Llanes.

Otros Pequeño paseo marítimo y mirador sobre la desembocadura fluvial. Senda costera E-9, San Antolín a Las Cámaras. Mercadillo de Posada de Llanes, los viernes. Oferta arquitectónica de San Antolín de Bedón y Posada.

Servicios Equipo de vigilancia, papeleras, duchas, aparcamiento y bar de temporada. Alquiler de barcas a pedales y cursillos de surf.

Actividad óptima Surf playa de categoría 1, ideal para la pesca de truchas y de carácter nudista en su margen más oriental.

Recomendaciones Cuidado, frecuentes corrientes en sus orillas.

Playa de Pestaña

Datos generales Latitud: 43.44351
Longitud: -4.860635

Playa de poca asistencia situada en la localidad de Llames de Pría. Tiene forma lineal y una longitud de 90 m, siendo su anchura media de 10 m. El entorno es rural y su peligrosidad es alta, con acceso fácil y peatonal, inferior a 1 km. Su composición es mixta, con mínima presencia de arenas blancas de grano grueso. El grado de urbanización es bajo.

Cómo llegar sin GPS La localidad más cercana es Niembro. Se encuentra a continuación de la playa de San Antolín, aunque su acceso se efectúa desde Torimbia, caminando hacia el oeste, a través de un largo camino repleto de espinos en su tramo final. Existe otro paso desde San Antolín, aunque casi nada usado, a través de un túnel natural.

Otros Senda costera E-9, San Antolín a Las Cámaras.

Servicios Ninguno.

Actividad óptima Naturismo, pesca submarina y pesca recreativa.

Recomendaciones Se recomienda mucha precaución durante el baño, dada la presencia de corrientes.

Playa de Torimbia

Datos generales Latitud: 43.441329
Longitud: -4.852438

De asistencia masiva durante los fines de semana, en Niembro. Espectacular, con una longitud de 500 m y una anchura media de 100 m, en un entorno rural de peligrosidad media. Sus fáciles accesos son peatonales e inferiores a 0,5 km. La invaden blancas arenas de grano grueso. El grado de urbanización es bajo.

Cómo llegar sin GPS En esta playa se integran las pequeñas calas de Portacos y Portaquinos. Se encuentra al abrigo del cabo Prieto, que la separa de la playa de Niembro y de la punta Pestaña por el oeste. Tomaremos la salida 300 de la A-8 en dirección Niembro. Una vez en el centro de esta localidad y antes de entrar en el aparcamiento de la playa de Toranda, seguiremos la carretera que vira a mano izquierda. Esta nos llevará en permanente ascenso hasta un aparcamiento desde el que se obtienen espectaculares panorámicas de la playa, abrigada por La Puntona. A partir de aquí continuaremos a pie unos 650 m.

Otros Portacos y Portaquinos desaparecen con las pleamares. Excelentemente abrigada de los vientos. Castro La Puente. Senda costera E-9, San Antolín a Las Cámaras.

Servicios Equipo de vigilancia, servicio de limpieza, chiringuito de temporada y aparcamiento.

Actividad óptima Naturismo y parapente.

Recomendaciones Si el paso está abierto, dejar el coche donde no moleste.

Playas de Sovalle, Valle y Niembro

Datos generales Latitud: 43.4446
Longitud: -4.840593

Niembro es una playa lineal con asistencia masiva durante el fin de semana. Sovalle es el pedrero en forma de concha que cierra la sucesión de tres playas que se funden con la anterior en bajamar. El acceso rodado se sitúa en Niembro. Valle, con forma de concha como Sovalle, se encuentra entre ambas. Sus longitudes respectivas son 150, 110 y 300 m; sus anchuras medias son 25 m para las dos primeras y 100 m para Niembro. En Sovalle y Valle abundan los afloramientos rocosos sobre las blancas arenas de grano fino, en Niembro solo encontraremos estas arenas. El grado de urbanización es bajo para las tres, e igualmente bajo es el de ocupación para Sovalle y Valle.

Cómo llegar sin GPS Igual que para Torimbia, siguiendo las señalizaciones apropiadas dentro de la localidad de Niembro para tomar el desvío previo.

Otros Vistas del islote La Espiella y el islote Carillón. Posada y Balmori: pinturas y arte prehistórico en cuevas repartidas a lo largo del concejo: cuevas de El Penicial y La Riera del período asturiense. Senda costera E-9, San Antolín a Las Cámaras.

Servicios Equipo de vigilancia, duchas, papeleras, área recreativa, servicio de limpieza, restaurante y aparcamiento en Niembro.

Actividad óptima Inmersiones de buceo en Niembro y pesca recreativa en Sovalle y Valle.

Recomendaciones Disfrutar de la tranquilidad del paisaje.

Playa de La Entrada

Datos generales Latitud: 43.435314
Longitud: -4.836988

Playa con forma triangular y de poca asistencia, situada en la
localidad de Niembro. Su longitud es de 50 m y su anchura media
de 48 m, siendo de tipo portuaria y peligrosidad media. El acceso
es rodado a un lecho de blancas arenas de grano fino y origen
calizo. El grado de urbanización es medio.

Cómo llegar sin GPS La playa de La Entrada se encuentra en la desembocadura de
la ría de Niembro. Abandonaremos la autopista A-8 en dirección
a esta localidad por la salida 300, o bien avanzaremos desde
Barro hacia el mismo destino por la LL-11. La encontraremos
en las afueras de Barro, concretamente en su zona oriental. Allí
tomaremos el acceso rodado hasta las cercanías del arenal, donde
nos espera su aparcamiento, junto a la punta Ladrona.

Otros Senda costera E-9, San Antolín a Las Cámaras. Cercanía de
Niembro.

Servicios Aparcamiento. Rampa de acceso para pequeñas embarcaciones.

Actividad óptima Pesca recreativa.

Recomendaciones Imprescindible la cámara de fotos en pleamar, con estupendas
vistas hacia la iglesia de Nuestra Señora de los Dolores, cuya
fachada posterior parece flotar sobre las aguas de la ensenada.

Playas de Xiglú y Barro

Datos generales Latitud: 43.435844
Longitud: -4.825702

Barro es una playa de asistencia masiva durante toda la época estival y/o alto riesgo ante una situación de emergencia. Xiglú es una extensión de Barro, en su vertiente oeste, en la localidad homónima. Ambas tienen forma de concha, con 30 y 250 m de longitud, respectivamente, y una anchura media de 12 y 60 m. El entorno es residencial y su peligrosidad es baja. Sus fáciles accesos son rodados, siendo el lecho de blancas arenas de grano fino para Barro y las mismas junto a numerosos afloramientos rocosos para Xiglú. El grado de urbanización para ambas es medio.

Cómo llegar sin GPS Para llegar a Barro, también conocida como Miracielos y en la que se incluye la playa de Xiglú, abandonaremos la A-8 por la salida 303 en dirección a la localidad homónima, que alcanzaremos incorporándonos a la LLN-11. Se encuentran al abrigo del islote Ramón y la isla de Sorraos.

Otros *Camping* próximo. Durante las bajamares Barro queda comunicada con la playa de Sorraos. Senda costera E-9, San Antolín a Las Cámaras. Oferta turística de Barro y Porrúa.

Servicios Equipo de vigilancia, duchas, papeleras, acceso para personas con movilidad reducida, servicio de limpieza, aparcamiento y restaurantes.

Actividad óptima Inmersiones de buceo, pesca submarina y deportes acuáticos.

Recomendaciones Visitar las bonitas calas del entorno. Playa para toda la familia.

Playa de Sorraos

Datos generales Latitud: 43.435377
Longitud: -4.822955

Playa de poca asistencia, situada en la localidad de Barro. Tiene forma de concha y se extiende, en un entorno rural, a lo largo de 100 m con una anchura media de 40 m. El acceso es rodado a esta localización de peligrosidad baja, donde las finas arenas blancas se alternan con afloramientos rocosos. Su grado de urbanización es medio.

Cómo llegar sin GPS Podemos acceder a pie desde la vecina playa de Barro en bajamar. También se comunica con la anterior a través de un sendero de unos 100 m de longitud, que parte de su vertiente este junto al aparcamiento. Este nos hará pasar junto al *camping* y tendremos acceso desde él.

Otros *Camping* próximo y playa resguardada de los vientos. Senda costera E-9, San Antolín a Las Cámaras. Oferta turística de Barro. Proximidad a la isla de Sorraos.

Servicios Equipo de vigilancia, duchas, papeleras, acceso para personas con movilidad reducida, servicio de limpieza, aparcamiento y restaurante.

Actividad óptima Pesca recreativa.

Recomendaciones Playa para toda la familia.

Playa de Troenzo

Datos generales Latitud: 43.43547
Longitud: -4.818535

Playa de poca asistencia localizada en la localidad de Barro. Tiene forma de concha, una longitud de 125 m y una anchura media de 60 m. El entorno es rural, el acceso es rodado y su peligrosidad es baja. Está compuesta en su mayor parte de finas y blancas arenas, con algunos afloramientos rocosos. Su grado de urbanización es medio.

Cómo llegar sin GPS Los núcleos más cercanos son Barro y Celorio. Para llegar aquí abandonaremos la A-8, por la salida 303, en dirección a Barro o a Celorio, ya que se encuentra a medio camino de ambas. Sirva como referencia que se encuentra próxima al Camping Playa de Troenzo. Junto a él y por su zona este, parte un camino que nos llevará hasta las escaleras de acceso a la playa.

Otros *Camping* próximo. Desaparece con las pleamares y se hace muy extensa con las bajamares. Senda costera E-9, San Antolín a Las Cámaras. Enfrente se encuentra el castro Lluvieces. Oferta turística de Barro y Celorio: monasterio de San Salvador (s. XII).

Servicios Ninguno.

Actividad óptima Inmersiones de buceo.

Recomendaciones Pesca recreativa y baño.

Playa de La Tayada

Datos generales Latitud: 43.437371
Longitud: -4.81566

Playa de poca asistencia, situada en la localidad de Barro. Su forma es de concha y tiene una longitud de 100 m, con una anchura media de 40 m. El entorno es rural y de peligrosidad baja. Los accesos son peatonales inferiores a 0,5 km a un lecho de finas arenas doradas. El grado de urbanización es bajo.

Cómo llegar sin GPS Los núcleos más cercanos son Barro y Celorio. Se encuentra en la península de Borizo y se utiliza en primera instancia el mismo acceso que para la anteriormente descrita Troenzo. Si continuamos dejando atrás el acceso de escaleras, entraremos dentro de una finca salvando la portilla. Unos 200 m más adelante, atravesando las praderías y bordeando el acantilado, podremos observar desde lo alto esta bonita playa también conocida como La Atalaya. Unas escaleras en muy mal estado y casi ocultas entre el pastizal nos llevarán a su lecho.

Otros Desaparece con las pleamares. Oferta turística de Barro y Celorio: monasterio de San Salvador (s. XII). Situada junto a la punta del castro de Troenzo. Senda costera E-9, San Antolín a Las Cámaras.

Servicios Ninguno.

Actividad óptima Naturismo.

Recomendaciones Vistas preciosas.

Playa de Borizo

Datos generales Latitud: 43.434379
Longitud: -4.814544

Playa de asistencia masiva durante los fines de semana, que encontraremos en la localidad de Celorio. La concha que la forma tiene una longitud de 400 m y una anchura media de 65 m. Su entorno es residencial de peligrosidad baja. El acceso es rodado, hasta el lecho de blancas arenas de grano fino. El grado de urbanización es bajo.

Cómo llegar sin GPS Los núcleos poblacionales más cercanos son Barro y Celorio. Para llegar a Borizo tomaremos la salida 303 de la A-8 hacia Barro o Celorio, ya que la playa está entre estas dos poblaciones. Enfrente se encuentra la isla de Arnielles o de Borizo, que en su zona oeste es conocida como Las Cabreras.

Otros *Camping* próximo. Oferta turística de Celorio: monasterio de San Salvador (s. XII). Senda costera E-9, San Antolín a Las Cámaras.

Servicios Equipo de vigilancia, duchas, servicio de limpieza y aparcamiento.

Actividad óptima Inmersiones de buceo. Pesca submarina y pesca recreativa.

Recomendaciones Apta para toda la familia.

Playa de Palombina

Datos generales Latitud: 43.432323
Longitud: -4.810295

Playa de asistencia masiva y/o alto riesgo, que encontraremos ubicada en la localidad de Celorio. Presenta forma de concha con una longitud de 300 m y una anchura media de 85 m, con acceso rodado. Se encuentra en un entorno urbano de peligrosidad baja. En su lecho se alternan algunos afloramientos rocosos con finas arenas blancas. El grado de urbanización es medio.

Cómo llegar sin GPS El núcleo de población más cercano es Celorio. Se ubica al abrigo de la punta del Pico por el oeste y llegaremos hasta ella tomando desde la A8 la salida hacia Celorio; también se comunica por carretera con la cercana localidad de Barro. El acceso rodado llega hasta el mismo borde del arenal, donde se encuentra su aparcamiento. Continuaremos por un camino empedrado unos 50 m, hasta el lugar donde se localiza el antiguo monasterio de benedictinos y, en las cercanías, un pequeño mirador sobre el arenal.

Otros *Camping* próximo y paseo marítimo. Oferta turística de Celorio: monasterio de San Salvador (s. XII). Senda costera E-9, San Antolín a Las Cámaras. Islote del castro del Gaitero.

Servicios Equipo de vigilancia, duchas, servicio de limpieza, papeleras, aparcamiento y restaurantes.

Actividad óptima Baño.

Recomendaciones Apta para toda la familia.

Playas de Las Cámaras y Los Curas

Datos generales Latitud: 43.430827
Longitud: -4.808536

Las Cámaras es una playa de asistencia media, en Celorio. La playa de Los Curas se encuentra en su margen oriental, separada de esta por un promontorio. Las dos tienen forma de concha, con una longitud de 100 m cada una y una anchura media de 65 m. Se encuentran situadas en un entorno urbano de peligrosidad baja. El acceso es rodado hasta el lecho de finas arenas blancas. El grado urbanización es medio.

Cómo llegar sin GPS El acceso es el mismo que para la playa de Palombina, pero se encuentra justo debajo del aparcamiento. También es conocida como Los Frailes o Los Curas. Ambas se unen en bajamar, y en pleamar se aíslan la una de la otra, teniendo incluso un acceso diferente. Así, tras dejar atrás Las Cámaras, a unos 50 m, nos encontraremos a la izquierda con una vista del horizonte marino y, bajando a través de la pradería y de una construcción en ruinas, encontraremos el acceso entre las rocas.

Otros Desembocadura fluvial y *camping* próximo. Oferta turística de Celorio y Porrúa. Senda costera E-9, San Antolín a Las Cámaras. Islote del castro del Gaitero.

Servicios Equipo de vigilancia, duchas, servicio de limpieza, papeleras, aparcamiento y restaurantes para Las Cámaras.

Actividad óptima Baño.

Recomendaciones Para toda la familia. Cuidado con las resbaladizas rocas.

Playa de la Nixón

Datos generales Latitud: 43.431988
Longitud: -4.801376

Se trata de una cala recóndita cuyo arenal desaparece por completo con la pleamar, con una longitud de 60 m y una anchura media de 20 m, en un entorno virgen de peligrosidad baja. Presenta accesos peatonales complejos inferiores a 2 km a un lecho de finas arenas tostadas. El grado de urbanización es bajo.

Cómo llegar sin GPS El acceso se realiza a pie desde Celorio, siguiendo la senda costera en dirección a Poo de Llanes, pero desviándose a la izquierda antes de sobrepasar las últimas casas de Celorio. La senda presenta en este punto un bucle, por lo que es posible continuar en dirección a Poo e ir virando hacia el noroeste en dirección a las ruinas de la ermita de San Martín (ver ficha siguiente). El final de la aproximación es complicado, pues carece de señalización y se realiza a través de las praderías. Como referencia tendremos en cuenta que 200 m en dirección oeste, por la senda costera y partiendo de la ermita, se encuentra el punto en el que habremos de virar dirección norte entre los pastos.

Otros Senda costera E-9, Las Cámaras a Llanes. Ruinas de la ermita de San Martín.

Servicios Ninguno.

Actividad óptima Pesca recreativa y baño.

Recomendaciones Visitar las ruinas de la ermita de San Martín.

Playa de la Ermita de San Martín

Datos generales   Latitud: 43.431792
Longitud: -4.797615

Extensión de la playa de San Martín que desaparece con la pleamar, con una longitud de 20 m y una anchura media de 30 m, en un entorno virgen de peligrosidad baja. Presenta accesos peatonales inferiores a 2 km a un lecho mixto. El grado de urbanización es bajo.

Cómo llegar sin GPS   El acceso se realiza a pie desde Celorio o Poo de Llanes, siguiendo la senda costera que une ambas localidades. Es posible también realizar una aproximación con el coche desde la AS-379, aparcando en el apartadero de tierra que existe en el punto kilométrico 25, donde la carretera se desvía por un sendero señalizado como parte del Camino de Santiago. En bajamar se une con el contiguo arenal de San Martín, al otro lado del acantilado que cierra a esta última por el oeste. Un tramo de escaleras da acceso a la cala desde lo alto del acantilado.

Otros   Senda costera E-9, Las Cámaras a Llanes. Ruinas de la ermita de San Martín.

Servicios   Ninguno.

Actividad óptima   Pesca recreativa y baño.

Recomendaciones   Visitar las ruinas de la ermita de San Martín, por encima de la cala.

Playas de San Martín y Portillu

Datos generales Latitud: 43.430453
Longitud: -4.792228

Es una playa de asistencia masiva durante el fin de semana, con una longitud de 750 m y una anchura media de 52 m, en un entorno virgen de peligrosidad baja. Presenta accesos rodados y peatonales inferiores a 2 km a un lecho de finas arenas tostadas. El grado de urbanización es bajo. La pleamar hace desparacer el arenal de San Martín, al oeste, reduciendo la longitud de la playa a los 50 m de la cala de Portillu.

Cómo llegar sin GPS El acceso se realiza a pie desde Celorio o Poo de Llanes, siguiendo la senda costera que une ambas localidades. Es posible también realizar una aproximación con el coche desde la AS-379, aparcando en el apartadero de tierra que existe en el punto kilométrico 25, donde la carretera se desvía por un sendero señalizado como parte del Camino de Santiago.

Otros Arenas movedizas en el centro provocadas por un afluente subterráneo en San Martín. Senda costera E-9, Las Cámaras a Llanes. Ruinas de la ermita de San Martín.

Servicios Equipo de vigilancia para San Martín y aparcamiento en pradería.

Actividad óptima Surf playa de categoría 1 para San Martín. Pesca submarina, pesca recreativa y naturismo.

Recomendaciones Pasear por la senda costera y visitar las ruinas de la ermita de San Martín en el acantilado occidental de la playa.

Playas de La Isla y Almenada

Datos generales Latitud: 43.432354
Longitud: -4.790983

Playas que se unen en bajamar. La Isla es irregular, mientras la segunda tiene forma de concha; ambas en Poo. La Isla tiene 100 m de longitud y 45 m de ancho, presentando 80 y 20 m Almenada. Se encuentran en un entorno virgen de peligrosidad baja, con fáciles accesos peatonales inferiores a 3 km. Sus arenas son blancas y finas. Los grados de ocupación y urbanización son bajos.

Cómo llegar sin GPS El núcleo poblacional más cercano es Poo. Se llega al arenal de La Isla caminando desde la propia playa de San Martín, en bajamar. Es común también ver gente practicando esnórquel o kayak desde la playa de Poo. Ambas son parte de la isla Almenada, uniéndose en bajamar.

Otros Posibilidad de llevar a su mascota. Innacesibles a pie durante las pleamares. Vistas espléndidas al oriente del castro Peláu y, más al fondo, El Palo de Poo y Los Castrinos. Proximidad al castro de San Martín. Senda costera E-9, Las Cámaras a Llanes.

Servicios Ninguno.

Actividad óptima Pesca submarina y pesca recreativa.

Recomendaciones Cuidado no quedarse aislado sobre la isla en la pleamar.

Playa de Poo

Datos generales Latitud: 43.428333
Longitud: -4.784074

Playa con forma de ensenada y de asistencia masiva durante los fines de semana, en la localidad de Poo. Tiene una longitud de 150 m y una anchura media de 100 m, y presenta grandes diferencias de extensión entre la pleamar y la bajamar, llegando a unirse con las aguas del río Vallina por medio de la ría que se abre en la vertiente occidental de la playa. Se encuentra en un entorno rural de peligrosidad baja. El acceso es rodado a un lecho de finas arenas tostadas. El grado de urbanización es medio.

Cómo llegar sin GPS La playa se encuentra perfectamente indicada en la carretera que avanza desde Llanes o Celorio hasta Poo. Alcanzaremos esta última localidad tomando la salida 300 de la A-8, incorporándonos a la AS-379 y tomando el desvío señalizado. El acceso rodado termina en un aparcamiento de pago. También se puede acceder a pie por la parte superior del *camping* que se encuentra en sus inmediaciones.

Otros *Camping* próximo y desembocadura fluvial. Senda costera E-9, Las Cámaras a Llanes. Oferta turística de Poo: entre sus edificios destaca una casona de indianos.

Servicios Equipo de vigilancia, duchas, servicio de limpieza, restaurantes y papeleras.

Actividad óptima Baño.

Recomendaciones Se recomienda el baño por sus aguas tranquilas y limpias.

Playa de El Sablón

Datos generales Latitud: 43.42238
Longitud: -4.753904

De asistencia masiva y/o alto riesgo en Llanes. Su forma es de concha con una longitud de 100 m y una anchura media de 25 m, enmarcada en un entorno residencial de peligrosidad baja. El acceso es rodado hasta las inmediaciones de un lecho de finas arenas blancas. Su grado de urbanización es alto.

Cómo llegar sin GPS Se accede a Llanes por la salida 294 de la A-8, alcanzando la playa a través de las indicaciones en el centro de la villa. En sus inmediaciones se encuentra el paseo de San Pedro (1847) y el casco antiguo de Llanes (restos del castillo de Llanes, del s. XIII, con su torre circular, restos del puente levadizo y su muralla almenada). Por el paseo mencionado, caminando hacia el occidente, encontraremos otra pequeña cala denominada El Naranjo.

Otros Junto al puerto deportivo, se ubican dos pequeñas zonas de arenas conocidas por El Sablín y Las Mujeres, antiguamente frecuentadas y ahora en desuso.

Servicios *Camping.* Oferta turística de Llanes, Porrúa y Parres. Faro de Llanes. Equipo de vigilancia, duchas, agua potable, servicio de limpieza, restaurantes y papeleras. Disposición de *anfibuggy* para personas con movilidad reducida de mediados de junio a mediados de septiembre, en horario laboral y bajo cita previa.

Actividad óptima Baño.

Recomendaciones Efectuar el paseo de San Pedro, junto al mar.

Playa de Puerto Chico

Datos generales Latitud: 43.418577
Longitud: -4.748325

Playa de poca asistencia. Esta concha, localizada en el mismo Llanes, tiene una longitud de 85 m y una anchura media de 22 m, por tanto, en entorno residencial y con acceso rodado, de peligrosidad media. El lecho presenta afloramientos rocosos y numerosas arenas blancas de grano fino. El grado de urbanización es alto.

Cómo llegar sin GPS Tras acceder a Llanes por la salida 294 de la A-8, nos incorporaremos en la rotonda a la carretrea LL-2 en dirección a Cue/Andrín, siguiendo las señalizaciones para la playa de Toró. Sin detenernos en esta última, continuaremos por carretera hasta adentrarnos en la villa para estacionar el vehículo en las cercanías del faro, detrás del cual se encuentra esta pequeña playa.

Otros Restaurantes en sus proximidades. Amplia oferta turística de Llanes. Senda costera E-9, de Llanes a Pendueles y disfrutar de las espectaculares vistas de las playas que encontraremos hasta llegar a Andrín.

Servicios Equipo de vigilancia, duchas, servicio de limpieza y papeleras.

Actividad óptima Baño.

Recomendaciones Pasear junto al faro de Llanes y el antiguo tendedero de redes. Cuidado durante el baño con los afloramientos rocosos.

Playa de Toró

Datos generales	Latitud: 43.415772
	Longitud: -4.744592

Playa de asistencia masiva y/o alto riesgo, situada en la localidad de Llanes. Presenta forma de concha con una longitud de 220 m y una anchura media de 40 m, inscribiéndose en un entorno residencial de peligrosidad media. El acceso es rodado a un lecho mixto, compuesto de curiosos afloramientos rocosos y finas arenas blancas. El grado de urbanización es alto.

Cómo llegar sin GPS También es conocida como Entremís. Tras acceder a Llanes por la salida 294 de la A-8, nos incorporaremos en la rotonda a la carretrea LL-2 en dirección a Cue/Andrín, siguiendo las señalizaciones para la playa de Toró, con amplio aparcamiento.

Otros *Camping* en sus proximidades y desembocadura fluvial. Amplia oferta turística de Llanes y Cue. Senda costera E-9, de Llanes a Pendueles. Pintorescos islotes y proximidad a Llanes.

Servicios Equipo de vigilancia, duchas, servicio de limpieza, área de pícnic, restaurantes, aparcamiento, agua potable, lavapiés y papeleras. Disposición de *anfibuggy* para personas con movilidad reducida de mediados de junio a mediados de septiembre, en horario laboral y bajo cita previa.

Actividad óptima Baño.

Recomendaciones Bufones cercanos a la zona.

Playa de Portiello de Cue o playa de Los Curas

Datos generales Latitud: 43.414494
Longitud: -4.740944

Playa de poca asistencia que encontraremos en Llanes. Esta concha, de 70 m de longitud y una anchura media de 15 m, se encuentra en un entorno rural de peligrosidad media. Su acceso es fácil y peatonal, e inferior a 1 km. Predominan las finas arenas blancas sobre los afloramientos rocosos, en un entorno con un grado de urbanización bajo. Desaparece en pleamar.

Cómo llegar sin GPS Presenta dos accesos estrictamente peatonales: el primero se efectúa desde la playa de Toró, bordeando el acantilado oriental por medio de sendas difuminadas en terreno irregular y espesa vegetación. El segundo parte de la entrada de Cue, donde deberemos estacionar para volver caminando por la acera paralelea a la carretera, dirección a Toró, hasta encontrar una rampa descendente y asfaltada a nuestra derecha, la cual vira a los pocos metros para dirigirse hacia el horizonte.

Otros Posibilidad de llevar a su mascota. Amplia oferta turística de Llanes y Cue. Senda costera E-9, de Llanes a Pendueles.

Servicios Ninguno.

Actividad óptima Naturismo y pesca submarina.

Recomendaciones Especialmente recomendada por la tranquilidad que transmite y sus frecuentes aguas remansadas, ausentes de corrientes y oleaje.

Playa de Cue

Datos generales
Latitud: 43.415772
Longitud: -4.731073

Playa de poca asistencia localizada en Cue. La concha que la conforma tiene una longitud de 380 m y una anchura media de 40 m, en un entorno rural de peligrosidad alta. Sus fáciles accesos peatonales son inferiores a 0,5 km, hasta el lecho de finas arenas blancas. Su grado de ocupación es medio y el de urbanización es bajo.

Cómo llegar sin GPS
Desde Cue se realiza el acceso a través de una estrecha y empinada pista que arranca junto a un restaurante. Tras unos 150 m de camino llegaremos a un pequeño aparcamiento. Esta playa se divide en forma de conchas y tómbolas, al amparo de bajos acantilados y verdes praderías. También recibe el nombre de Canales, dada la entrada y salida de agua del mar entre las pequeñas islas cercanas. Por orden, y de oeste hacia el este, podemos observar la isla Quicón, El Castrucu y La Ballena. Otro nombre que recibe en la zona es Antilles.

Otros
Hermosa en días de marejada. Cue: iglesia de San Román de 1788. Senda costera E-9, de Llanes a Pendueles.

Servicios
Equipo de vigilancia, duchas, servicio de limpieza y papeleras.

Actividad óptima
Pesca submarina y pesca recreativa.

Recomendaciones
Se recomienda el baño por sus aguas tranquilas resguardas por los acantilados.

Playa de Ballota

Datos generales Latitud: 43.411065
Longitud: -4.713864

Playa de asistencia masiva durante el fin de semana, en la localidad de Ballota. Presenta forma de concha, con una longitud de 350 m y una anchura media de 62 m. El entorno es rural de peligrosidad baja y acceso rodado. El lecho está formado por arenas tostadas de grano medio, y su grado de urbanización es bajo.

Cómo llegar sin GPS Las poblaciones más cercanas son Cue y Andrín. El acceso se efectúa desde Llanes, por medio de la carretera LLN-2, en la que la veremos perfectamente señalizada. El último tramo, por una pista de tierra que desciende a lo largo de unos 500 m, termina en un pequeño aparcamiento directamente sobre la playa.

Otros El mirador de La Boriza, situado en el punto más alto de la carretera, ofrece espectaculares vistas de la costa. Campo de golf próximo y zona de aeromodelismo. Islote de Castro y bufón próximo en la margen oriental. Senda costera E-9, de Llanes a Pendueles.

Servicios Equipo de vigilancia, papeleras, limpieza de playas y chiringuito de temporada.

Actividad óptima Naturismo en una de sus márgenes, pesca submarina y pesca recreativa en las inmediaciones.

Recomendaciones Disfruta de esta playa, ya que está muy protegida del embate de las olas.

Playa de Andrín

Datos generales Latitud: 43.409631
Longitud: -4.708886

De asistencia masiva en época estival y/o alto riesgo en situación de emergencia, en Andrín. Es una concha con 240 m de longitud y una anchura media de 60 m. Su entorno es rural de peligrosidad media. El acceso es rodado, pero los últimos 80 m son peatonales. Está compuesta de blancas arenas de grano fino y el grado de urbanización es medio.

Cómo llegar sin GPS La población más cercana es el propio Andrín. El acceso se efectúa desde Llanes, por medio de la carretera LLN-2. Una vez dentro de Andrín, seguiremos las indicaciones, que llevan a los numerosos aparcamientos habilitados a los lados de la pista que se dirige al arenal.

Otros *Camping* y restaurantes próximos y pequeño aparcamiento. Mirador de La Boriza, desde el que podemos avistar el castro y la playa de Ballota. Senda costera E-9, de Llanes a Pendueles. Oferta turística de Andrín.

Servicios Equipo de vigilancia, papeleras, limpieza de playas y bar de temporada.

Actividad óptima Surf playa de categoría 2 y pesca submarina.

Recomendaciones En días de marejada soplan pequeños bufones en la zona.

Playa de Purón

Datos generales Latitud: 43.407384
Longitud: -4.697344

Playa ubicada en la localidad de Purón. Esta cala de lecho mixto está conformada por la desembocadura del río Purón, y desaparece con la pleamar al anegarse la ría. Tiene una longitud de 100 m y una anchura media de 25 m. Su entorno es rural y su peligrosidad es baja. Los accesos son peatonales, inferiores a 1 km y sus grados de ocupación y urbanización son bajos.

Cómo llegar sin GPS Son núcleos cercanos Andrín y Puertas de Vidiago. Desde la salida 291 de la A-8 nos incorporaremos a la N-634 en dirección a Vidiago, y tras 1,5 km estacionaremos entre el *camping* y la piscifactoria que aparecerán a nuestra derecha. Caminando por la carretera cruzaremos el puente sobre el río Purón, y a nuestra izquierda se abrirá un camino sin señalizar que se adentra en un bosque a la vera del río. En menos de 1 km llegaremos a un puente de madera, al otro lado del cual hay un par de mesas de pícnic. No lo cruzaremos para llegar al arenal, sino que seguiremos de frente para descender al río. Veremos también a la derecha del puente una subida por escalones de madera, que podremos acometer a la vuelta para visitar los bufones de Arenillas.

Otros *Camping* próximo y desembocadura fluvial. Posibilidad de llevar a su mascota. Sus aguas presentan habitualmente una tranquilidad y limpieza fuera de lo habitual.

Servicios Ninguno.

Actividad óptima Pesca submarina y pesca recreativa.

Recomendaciones Visitar en bajamar. Programar excursión y pícnic para disfrutar del paseo entre la desembocadura y los bufones de Arenillas.

Playa de Vidiago

Datos generales
Latitud: 43.400495
Longitud: -4.652452

Playa de asistencia masiva durante el fin de semana, en la localidad de Vidiago. Es lineal y se extiende a lo largo de unos 260 m, con una anchura media de 50 m. El entorno es rural y de peligrosidad media, siendo su acceso rodado. El lecho lo forman finas arenas tostadas, y su grado urbanización es bajo.

Cómo llegar sin GPS
Se accede directamente desde la A-8, por la salida 285, tras la cual está señalizada en la rotonda de la N-634.

Otros
Camping con acceso directo a la playa. Desembocadura fluvial. Puertas de Vidiago: bufones de Arenillas, Aula e Ídolo de Peña Tú (grabados y pinturas en roca de la Edad del Bronce). Senda costera E-9, de Llanes a Pendueles.

Servicios
Equipo de vigilancia, duchas, papeleras y limpieza de playas. Surf playa de categoría 1.

Actividad óptima
Casas rurales, palacetes y casonas de indianos son característicos en esta zona.

Recomendaciones
Mejor visitar en bajamar, pues en pleamar la playa se divide en dos pequeñas calas de muy reducidas dimensiones, y su acceso desde el propio *camping* limita el espacio sobre el pequeño arenal. Visitar temprano, ya que la mayoría del aparcamiento está reservado para el *camping*.

Playa de Pendueles

Datos generales Latitud: 43.398172
Longitud: -4.630394

Playa con forma triangular y de poca asistencia, en la localidad de Pendueles, con 150 m de longitud y una anchura media de 20 m para un lecho de tostadas arenas de grano medio. En un entorno rural de peligrosidad media, al que se accede de forma peatonal por un camino inferior a 0,5 km. El grado de ocupación es medio y el de urbanización bajo.

Cómo llegar sin GPS Debemos tomar en la N-634 la salida hacia la localidad de Pendueles. En ella encontremos un camino rodado que termina en una pequeña zona de aparcamiento; desde aquí deberemos hacer los últimos 100 m a pie, bajando por un sendero de fuerte pendiente. Altos acantilados la dominan por el occidente y pequeños promontorios por el este. Desde el mirador que encontraremos, y en el que se inicia el descenso, obtendremos una hermosa vista de la playa y de la roca que le da su otro nombre, El Castillo.

Otros Posibilidad de llevar a su mascota. Se encuentra muy expuesta a los embates de las olas. Senda costera E-9, de Pendueles-Llanes y Pendueles-Bustio. Iglesia de San Acisclo (s. xiii) y palacio de Santa Engracia (s. xix) en Pendueles. Islote de Picones.

Servicios Ninguno.

Actividad óptima Pesca submarina.

Recomendaciones Cuidado con las corrientes en días con el mar agitado.

Playas de Entremares y de Buelna

Datos generales Latitud: 43.396239
Longitud: -4.619343

Entremares tiene forma alargada en perpendicular sobre el horizonte; sin embargo, Buelna tiene forma de concha. Sus entornos son rurales, peligrosidad media y accesos rodados. Entremares mide 30 m y su anchura media es de 12 m; la de Buelna es de 50 y 20 m. Están compuestas de blancas arenas de grano fino, con un grado de urbanización bajo.

Cómo llegar sin GPS Las poblaciones más cercanas son Pendueles y Buelna. Se accede a Entremares desde la vecina playa de Buelna, con la cual se une en bajamares de alto coeficiente. Para llegar a la playa de Buelna, también conocida como Las Arenillas, tomaremos la salida 285 de la A-8 para dirigirnos a Buelna por la N-634. Habremos de estacionar en el pueblo, que dista 500 m del arenal por pista señalizada.

Otros Proximidad a bufones de Santiuste, considerados como los mayores de toda la costa oriental. Senda costera E-9, de Pendueles a Bustio. Iglesia de San Acisclo (s. XIII) y palacio de Santa Engracia (s. XIX) en Pendueles.

Servicios Ninguno.

Actividad óptima Pesca submarina y pesca recreativa.

Recomendaciones Playas muy resguardadas, aptas para toda la familia.

Playa de La Presa

Datos generales Latitud: 43.395865
Longitud: -4.612048

Playa interior con forma de concha, en la localidad de Buelna. Su longitud es de 30 m con una anchura media de 17 m. Su acceso es peatonal e inferior a 0,5 km. El entorno es rural de peligrosidad baja, al estar dentro de una pradería. Está compuesta de finas arenas blancas. Los grados de ocupación y urbanización son bajos.

Cómo llegar sin GPS Esta playa interior no está señalizada de ninguna forma. Para llegar aquí estacionaremos en Buelna (ver ficha anterior) y buscaremos la pista que parte de su vertiente occidental, junto a la carretera, dejando a nuestra izquierda la iglesia de Santa Ana. Una vez pasemos bajo las vías del tren, obviaremos los carteles hacia la derecha en dirección a Cobijeru, y seguiremos el sendero que parte de frente, hacia el norte. La Presa se encuentra hundida en un pequeño valle al que acceden las aguas del mar, colándose por los resquicios del acantilado. Aquí se encuentran los restos de un antiguo molino de mareas y la zona de embalse de aguas.

Otros Posibilidad de llevar a su mascota. Monumento Natural en el Plan de Ordenación de los Recursos Naturales de Asturias junto a la playa de Cobijeru. Espectaculares acantilados. Senda costera E-9, de Pendueles a Bustio.

Servicios Ninguno.

Actividad óptima Fotografía y pesca recreativa en los acantilados próximos.

Recomendaciones Bufones en las proximidades y cuidado junto a los altos acantilados.

Playa de Cobijeru

Datos generales Latitud: 43.395709
Longitud: -4.609966

Playa interior de poca asistencia, en la localidad de Buelna. Esta concha dispone de una longitud de 30 m y una anchura media de 17 m. Se inscribe en un entorno rural de peligrosidad baja, con fácil acceso peatonal, inferior a 0,5 km. El lecho lo forman arenas blancas de grano fino y el grado de urbanización es bajo.

Cómo llegar sin GPS El núcleo de población más cercano es Buelna. También es conocida como playa de las Acacias, por la presencia de este tipo árboles en su derredor. Se comunica con el mar mediante dos conductos subterráneos por los que se puede caminar en la bajamar, y en ella vierte sus aguas un arroyo. Altos acantilados la separan del mar en un entorno de praderías. El acceso se realiza desde Buelna, de donde parte una pista señalizada (ver páginas 261 y 262).

Otros Posibilidad de llevar a su mascota. Monumento Natural en el Plan de Ordenación de los Recursos Naturales de Asturias junto a la playa de Cobijero. Espectaculares acantilados. Senda costera E-9, de Pendueles a Bustio. Cueva de Cobijeru.

Servicios Ninguno.

Actividad óptima Fotografía y pesca recreativa en los acantilados próximos.

Recomendaciones Cuidado en la cercanía de los acantilados. Llevar linterna para adentrarse en la colindante cueva de Cobijeru.

Playa de La Acacia

Datos generales Latitud: 43.396005
Longitud: -4.579217

Playa de poca asistencia en la localidad de Santiuste. Es una concha de 100 m de longitud y una anchura media de 35 m, con acceso normal marítimo y peligrosidad alta. El entorno es rural y está formada por afloramientos rocosos y finas arenas claras. Obviamente, su grado de urbanización es bajo.

Cómo llegar sin GPS El núcleo más cercano es Santiuste. Accesible únicamente desde el mar o, en bajamares de alto coeficiente, desde la colindante playa de La Franca. Para llegar a la playa de La Franca tomaremos la salida 277 de la A-8, siguiendo a continuación las señalizaciones directamente desde la N-634. La Acacia se encuentra al oeste del arenal de La Franca, separada por un saliente rocoso. Es común ver gente cubriendo a nado la escasa distancia que supone bordear este saliente (unos 200 m) durante la bajamar, si bien es posible cruzar a pie en bajamares de alto coeficiente.

Otros Conocida también como playa Horconera o de Las Gaviotas. Interés paisajístico; enfrente se encuentra el castro de Santiuste. Senda costera E-9, de Pendueles a Bustio.

Servicios Ninguno.

Actividad óptima Pesca submarina accediendo desde el margen oeste de La Franca.

Recomendaciones Cuidado con quedar atrapado con la subida de las aguas.

Playas de Ribadedeva

- La capital es Colombres. El concejo de Ribadedeva está formado por tres parroquias que son: Colombres, Noriega y Villanueva.
- Limita al oriente con Cantabria (el río Deva sirve de límite); al sur, con Peñamellera Baja; al occidente, con Llanes (el río Cabra sirve de límite), y al norte, con el mar Cantábrico.

Qué puedes visitar en el concejo:

- Colombres: Archivo de Indianos Villa Guadalupe, Museo de la Emigración, ayuntamiento, casa de Íñigo Noriega (1877), Centro de Interpretación del Pindal, iglesia parroquial de Santa María (s. xiv), torre de Noriega (s. xiii), villa Guadalupe y mercadillo los jueves.
- La Franca: pequeña iglesia de 1960 creada con las donaciones de los vecinos.
- Pimiango: cueva de El Pindal (período Magdaleniense y pinturas rupestres paleolíticas), ermita de San Emeterio, ermita de Santo Medé y ruinas del monasterio de Tina.
- Pimiango: faro de San Emeterio en la punta de San Emeterio (latitud: 43.399286 y longitud: -4.534413).
- Senda costera E-9, de Bustio a Pendueles.

Playas de La Franca y El Oso

Datos generales Latitud: 43.391951
Longitud: -45780377

Ensenada de asistencia masiva y/o alto riesgo, en La Franca. La primera se extiende a lo largo de 260 m y su anchura media es de 135 m; su continuación por el este (El Oso) presenta 100 m y 20 m. De entorno urbano y peligrosidad baja para la primera, y rural y de peligrosidad media para la segunda. El acceso es rodado hasta el lecho de finas arenas blancas en La Franca y peatonal para El Oso; su grado de urbanización es medio.

Cómo llegar sin GPS Abrigada por los altos acantilados de Santiuste y la rasa de Pimiango. Perfectamente señalizada desde la N-634, tomando la salida 277 de la A-8. Destaca su horizontalidad, lo que la convierte en una piscina natural en pleamar, muy segura para el baño. A la de El Oso se accede en bajamar, a través de la playa de La Franca.

Otros *Camping* próximo y desembocadura fluvial para La Franca. Integrada en el Paisaje Protegido de la Costa Oriental; a unos 2 km se encuentra el Monumento Natural del Bufón de Santiuste. Proximidad a los yacimientos de cueva de Espinoso y cueva de Mazaculos. Senda costera E-9, de Bustio a Pendueles.

Servicios Equipo de vigilancia, duchas, servicio de limpieza, papeleras, aparcamiento y restaurantes para La Franca.

Actividad óptima Surf playa de categoría 1 en La Franca. Pesca submarina y pesca recreativa en El Oso.

Recomendaciones Evitar quedarse aislado con la subida de las aguas en El Oso.

Playas de El Vivero, Mendía y las Cuevas Coloradas

Datos generales Latitud: 43.533056
Longitud: -7.014771

Son tres playas vírgenes con forma de concha que presentan esta secuencia de oeste a este en la localidad de Pimiango. Las longitudes correspondientes son de 200, 400 y 80 m, y sus anchuras medias de 25, 62 y 20 m, respectivamente. Tienen lechos mixtos con afloramientos rocosos y blancas arenas de grano fino. Gozan de poca asistencia, con accesos peatonales, un grado de urbanización bajo y peligrosidad alta.

Cómo llegar sin GPS A El Vivero se accede desde la vertiente occidental de Pimiango, por una larga pista que arranca desde el centro de esta localidad perpendicular a la RD-1, transformándose en sendero a medida que desciende hacia la costa. La parte oriental de Mendía es la denominada Cuevas Coloradas y se encuentra en la punta Cebollera. También son accesibles a pie desde la playa de La Franca (ver ficha anterior) en bajamares de alto coeficiente.

Otros Faro de San Emeterio en la punta de San Emeterio (latitud: 43.399286 y longitud: -4.534413). Oferta turística de Pimiango y proximidad a la excepcional playa de La Franca.

Servicios Ninguno.

Actividad óptima Inmersiones de buceo en Mendía y salidas hacia el cañón de San Emeterio y cabo de San Antonio. Pesca submarina y pesca recreativa.

Recomendaciones Evitar quedarse aislado durante la subida de las aguas.